almanaque EI.NERD

Diretor editorial: Luis Matos

Editora-chefe: Marcia Batista

Assistentes editoriais: Aline Graça e Letícia Nakamura

Preparação: Mariane Genaro

Revisão: Alexander Barutti, Francisco Sória e Cely Couto

Arte e pesquisa iconográfica: Aline Maria e Valdinei Gomes

Capa e projeto gráfico: Marina Campos

Créditos das imagens da capa:

©**Shutterstock:** Frodo (por rook76), Keanu Reeves (por Featureflash Photo Agency), Dragon Ball model Goku (por Pabkov), De volta para o futuro (por meunierd), Princesa Leia (por catwalker), Jim Parsons (por Tinseltown), Batman (por Olga Popova), Harry Potter (por Usa-Pyon), Super Mario (por enchanted_fairy) e Capitão Spock (Por Lorraine_M).

Créditos das imagens do miolo:

©**Shutterstock:** 06, 12, 13, 15 Stan Lee (Por Featureflash Photo Agency), 16 Neil Gaiman (Por Entertainment Press)18, 22, 23, 24, 25, 28 V de Vingança (por oneinchpunch), 30, 37, 44, 48, 56, 58, 62, 64, 66, 68, 70, 72, 74, 79, 80, 81, 84, 102, 114, 118, 124, 130, 132 (Bill Murray: por Tinseltown), (Marlon Brando: por Jaguar PS), 133, 149 (ilustração Game of Thrones: por Cherstva), 141, 185, 196, 197, 198, 202, 210, 213, 215, 217, 219, 224 , 225, 228, 229, 230, 250, 251, 252 (Edgar Allan Poe), 258, 264, 266, 267, 270, 271, 272, 273, 274 , 275, 276, 280, 281, 282, 283, 288, 289, 290, 291, 292, 299, 300, 302 e 303.

©**Gettyimages:** 244 (photo by Deborah Feingold/Corbis via Getty Images),
236 Agatha Christie: (photo by Popperfoto/Getty Images)

Divulgação: 14, 15, 16, 20, 21, 24, 25, 28, 29, 32, 33, 34, 37,38, 39, 40, 41, 42, 43, 46, 50, 51, 52, 53, 54, 55, 77, 78, 86, 87, 88, 89, 90, 91, 92, 94, 95, 97, 98, 99, 100, 102, 105, 106, 107, 108, 109, 111, 113, 115, 116, 117, 119, 120, 121, 122, 125, 126, 127, 128, 129, 130, 131, 132, 134, 135, 136, 137, 138, 139, 142, 144, 148, 151, 152, 153, 154, 155, 156,158, 159, 161, 162, 163, 164, 164, 166, 167, 168, 171, 173, 174, 175, 176, 177, 178, 180, 182, 183, 184, 188, 189, 190, 191, 192, 193, 194, 195, 196, 198, 199, 200, 201, 202, 203, 208, 212, 214, 216, 218, 220, 222, 230, 231, 232, 233, 234, 235, 238, 239, 140, 241, 242, 243, 246, 247, 248, 249, 254, 255, 256, 257, 260, 261, 262, 263, 268, 269, 287, 293, 294, 295, 296, 297 e 298.

Dados Internacionais de Catalogação na Publicação (CIP)
Angélica Ilacqua CRB-8/7057

E35a

    Ei Nerd
    Almanaque Ei, Nerd / Ei Nerd. – São Paulo: Universo dos Livros, 2017.
    304 p. : il.

    ISBN: 978-85-503-0209-6
    1. Almanaques – Miscelânia 2. Cinema 3. História em quadrinhos
    4. Vídeogames 5. Tecnologia 6. Livros 7. Televisão – Seriados I. Título

---

17-1503   CDD 030

almanaque EI,NERD

São Paulo

2017

Grupo Editorial
UNIVERSO DOS LIVROS

Universo dos Livros Editora Ltda.
Rua do Bosque, 1589 • 6º andar • Bloco 2 • Conj. 603/606
Barra Funda • CEP 01136-001 • São Paulo • SP
Telefone/Fax: (11) 3392-3336 • www.universodoslivros.com.br
e-mail: editor@universodoslivros.com.br
Siga-nos no Twitter: @univdoslivros

sumário

♡ Introdução   7

💬 Quadrinhos   11

💬 Animes e Mangás   47

🎞 Cinema   83

📺 Séries   141

🚀 Videogame   185

☕ Literatura   227

👆 Tecnologia   265

Introdução

Nerds, Geeks e cia.

Ei, Nerd

Você já se perguntou de onde vêm os nerds? Ou ainda como surgiu esse termo e como ele deixou de ter uma conotação negativa e passou a classificar as pessoas mais legais do universo? Ora, se você é um nerd de carteirinha, vai querer saber as respostas a essas perguntas e também de outras, como quem criou esse termo, de onde vem uma de suas subdivisões mais famosas, os geeks... Resumindo: o que é um nerd.

Logo que surgiu, o termo "nerd" era usado para designar, de maneira depreciativa, um determinado grupo de pessoas. Foi bastante usado no meio estudantil e acadêmico para estereotipar tais pessoas e sempre esteve atrelado à inteligência, ao estudo e à obsessão por conhecimento. Daí a relutância de muitos nerds em se revelarem como aficionados por quadrinhos ou videogames.

Os nerds eram aqueles que não possuíam muito traquejo social, que tinham dificuldade de interagir com outras pessoas, não se davam muito bem nos esportes e preferiam outras atividades menos "populares" para passar o tempo, como leitura de livros de ficção e fantasia, colecionismo, jogos de tabuleiros, além, claro, do estudo.

No entanto, o tempo tratou de reorganizar esse conceito e, graças ao orgulho e à identidade daqueles que eram estereotipados, os nerds começaram a ser valorizados e associados cada vez mais a temas positivos.

O nerd, antes de tudo, é uma pessoa dedicada aos estudos, que gosta de se aprofundar em múltiplos assuntos, que procura sempre o "algo a mais" naquilo que ama.

Não há um consenso quanto à origem da palavra "nerd", mas, sim, diversas teorias. Podemos começar pela primeira vez que a palavra foi usada na literatura. Isso aconteceu em 1950, em um livro de ficção científica chamado *If I ran the zoo*, escrito pelo norte-americano Theodor Seuss Geisel, conhecido por seu pseudônimo Dr. Seuss. O narrador do livro, ao falar de um zoológico de criaturas fantásticas, cita: "... um Nerkle, um Nerd e um Seersucker também".

A busca pela fonte do "nerd perdido" continua. A publicação de uma matéria da revista norte-americana *Newsweek*, em 1951, denomina uma tribo urbana de jovens da cidade de Detroit, de pensamento conservador, como nerd.

Mais uma: a palavra "nerd" pode ser uma variação ou evolução de "nurd" ou "gnurd", cujo primeiro registro é de 1965, no Rensselaer Polytechnic Institute, uma instituição de ensino superior do estado de Nova York, EUA. Nesse caso, toda essa evolução linguística partiu da palavra "knurd", que é "drunk" (bêbado, em inglês) escrito ao contrário. "Knurd" era usada pelos estudantes da Rensselaer Polytechnic Institute para classificar pessoas que preferiam estudar a se divertir em festas.

Quer mais uma teoria? Esta é inusitada. Nerd teria sua origem na sigla NERD, as primeiras letras de Northern Electric Research and Development, presente no crachá de quem trabalhava nessa companhia canadense de telecomunicações. Os empregados, famosos por trabalharem bastante em pesquisas do laboratório de tecnologia, eram facilmente reconhecidos com a sigla em destaque.

Viu? Até quando queremos saber mais sobre a palavra "nerd", somos nerds na busca por conhecimento. Mas ainda falta falar sobre a origem dos geeks.

O geek é uma vertente, uma subdivisão, dos nerds. Trata-se do aficionado por tecnologia e ciência. No início, a divisão era mais clara, quando ambos os termos eram pejorativos, conforme vimos anteriormente. Com o tempo, porém, o termo passou a ser mais uma forma para denominar o nerd, especialmente para os que curtem novas tecnologias, que gostam de saber as novidades sobre *smartphones* e computadores.

Quanto à origem do termo, uma das explicações vem do início do século XX, nos Estados Unidos. A palavra era usada para designar atrações bizarras de circos, artistas que executavam shows que poderiam chocar a audiência, os "geek shows". Da Europa, outra explicação está na palavra de origem alemã "geck", que quer dizer "tolo" ou "pateta". Já com o advento da informática, o termo passou a ser a denominação daqueles que corrigiam erros em computadores, os "computergeeks". Nesse último caso, inclusive, está implícita a ideia da relação dos nerds com a tecnologia.

Tantas origens e um começo complicado... A verdade é que hoje os nerds estão com tudo. Estabelecido em 2006, no dia 25 de maio é comemorado mundialmente o Dia do Orgulho Nerd, uma data importante para promover a cultura nerd. A data faz referência à *Star Wars: uma nova esperança*, que estreou nesse mesmo dia, em 1977. O dia 25 de maio também é considerado o Dia da Toalha, uma forma de homenagear o escritor Douglas Adams e sua obra máxima, *O guia do mochileiro das galáxias*.

Agora que, como um bom nerd, você descobriu a origem do nome que representa o gosto e o amor que compartilha com milhões em todo o mundo, está pronto para entrar no espírito deste almanaque. Nós, do *Ei Nerd*, produzimos com carinho esta fonte de informação, curiosidades e diversão para você ser um nerd completo. Está preparado para descobrir mais sobre cinema, tecnologia, quadrinhos, videogames e outros temas que tanto amamos?

Peter Jordan
Fundador do *Ei Nerd*

Quadrinhos

Quadrinhos da história

A HQ foi, por muito tempo, o maior símbolo nerd de todos. Bastava alguém ser visto com uma revistinha nas mãos para ser apontado como o nerd da turma. A verdade é que as histórias em quadrinhos vão muito além de simples enredos sobre heróis mascarados que enfrentam seus inimigos. As HQs se tornaram um dos veículos de comunicação mais valorizados e ricos, uma ferramenta para contar histórias com características próprias e que já geraram algumas das produções mais importantes dos últimos cem anos.

A HQ nasceu como gênero ou veículo para contar histórias em 1897, com a publicação da primeira tira em jornais. Atribuída a Richard F. Outcault, em Nova York, a primeira publicação foi sobre o personagem Yellow Kid, que estabeleceu muitos dos elementos convencionados para os quadrinhos: personagens fixos, balões para os diálogos e ações divididas por quadros, entre outros. Já a primeira revista foi *Little Nemo in Slumberland*, escrito por Winsor McCay, que contou as aventuras imaginárias de um garoto, Nemo.

Porém, o elemento que faltava, a união perfeita, veio com os super-heróis, que catapultaram a HQ para o sucesso, que sobreviveu a guerras, crises, códigos de conduta e aos altos e baixos de sua popularidade junto ao público.

Hoje, considerada a nona arte, principalmente graças às *graphic novels* e suas tramas mais adultas, as histórias em quadrinhos possuem enredos tão envolventes quanto os daqueles que vemos em suas páginas. Vamos a uma viagem por suas eras, seus principais personagens e histórias para saber o que aconteceu desde Yellow Kid até os zumbis de *The Walking Dead*.

linha do tempo

1895

Publicação da *New York World* de *The Yellow Kid*, considerada a primeira peça que traria os elementos de uma revista de quadrinhos.

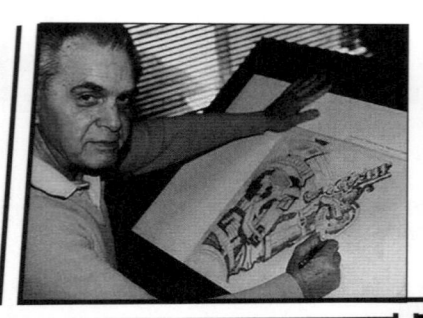

1917

Nascimento de Jacob Kurtzberg, artista que ficaria conhecido como Jack Kirby.

1922

Nasce Stanley Martin Lieber, ou Stan Lee, que viria a ser escritor e editor da Marvel, criador de diversos personagens icônicos.

1933

Funnies on Parade, revista de humor, é publicada com o formato dos quadrinhos modernos: 13 cm x 21 cm.

1938

Publicação da primeira *Action Comics*, que destaca o kryptoniano Superman, o primeiro passo para a popularização dos quadrinhos de heróis.

1939

Na esteira do sucesso de Superman, Batman faz sua primeira aparição, em *Detective Comics*.

1954

Publicação do livro *Seduction of the innocent*, estopim para a criação do Código de Conduta que marca a transição da era de Ouro para a de Prata.

1961

Jack Kirby e Stan Lee criam o Quarteto Fantástico, a família de heróis que abre caminho para as outras criações da dupla e da Marvel.

1962

Surgem dois dos principais super-heróis da atualidade: Hulk e Homem-Aranha.

1966

Primeira aparição do Pantera Negra, primeiro herói negro, que participa de uma publicação do Quarteto Fantástico.

1973

Um dos momentos mais marcantes para os amantes dos quadrinhos: a morte de Gwen Stacy, namorada do Homem-Aranha, em uma época em que os heróis passaram a ser retratados como passíveis de falhas.

1974

Numa história que mostrava a batalha entre Hulk e Indigo, surge pela primeira vez o herói canadense Wolverine.

1979

Criação de Estrela Polar, o primeiro super-herói publicamente gay das histórias em quadrinhos.

1989

Neil Gaiman começa a publicar sua maior obra: *Sandman*.

1992

Morte de Superman, um dos eventos mais importante das HQs, que gerou ampla repercussão entre o público.

1996

Com problemas financeiros, a Marvel vende os direitos de exploração cinematográfica de seus principais heróis.

2010

A tecnologia entra de vez nas HQs com a distribuição digital de quadrinhos.

As eras dos quadrinhos

A trajetória dos quadrinhos é dividida em eras, de acordo com fatos ou períodos que foram importantes para seu desenvolvimento. Essa classificação foi emprestada da mitologia greco-romana, a qual é dividida em eras de Ouro, Prata, Bronze: a de Ouro, representa o período em que os Titãs dominavam a Terra; a de Prata, o surgimento dos heróis; e a de Bronze, o aparecimento dos homens. Nas HQs, há mais algumas etapas que formam a linha principal dessa história.

A primeira era foi a da Platina (1897-1937), que marcou a evolução das tiras de jornal e publicações populares e que antecedeu o surgimento dos super-heróis. Nessa época, as histórias tinham conteúdo policial ou humorístico. A primeira publicação a apresentar o que seria o formato das histórias em quadrinhos data de 1897: *The Yellow Kid in McFadden's Flats*, escrita por Richard F. Outcault.

No final da década de 1920, começaram a surgir histórias de aventuras com personagens como Tarzan e Buck Rogers. Já na década de 1930, as histórias passaram a ser vendidas de maneira independente, em revistas. Na era de Platina, também surgiram os primeiros grandes nomes dos quadrinhos, como Flash Gordon, Fantasma e Dick Tracy, assim como alguns títulos da Disney.

A era seguinte é a de Ouro (1938-1955), que marcou a explosão dos super-heróis. Aqui, aconteceu a publicação da primeira edição da *Action Comics*, que apresentou ao mundo o Superman, um alienígena de roupas coloridas e capa, detentor de força e velocidade sobre-humanas. Na esteira do sucesso do Homem de Aço, vieram Batman, Spirit, Capitão Marvel, Flash, Lanterna Verde e Tocha Humana.

O Capitão América foi criado como um garoto-propaganda para o esforço de guerra norte-americano na Segunda Guerra Mundial.

Ilustração do Capitão América no Museu de Cera Madame Tussaud em Xangai.

Ao final da guerra, os quadrinhos de heróis perderam fôlego, dando lugar às publicações de ficção científica, faroeste e terror, assim como às publicações da Disney. Muitos heróis tiveram suas publicações canceladas, mas a Trindade da DC conseguiu sobreviver: Superman, Batman e Mulher-Maravilha.

Na era de Prata (1956-1969), o mercado dos quadrinhos teve um evento que mudaria toda a indústria: a publicação do livro *Seduction of the innocent*, ou *Sedução dos inocentes*, escrito pelo psiquiatra alemão Fredric Wertham, em 1954. Segundo

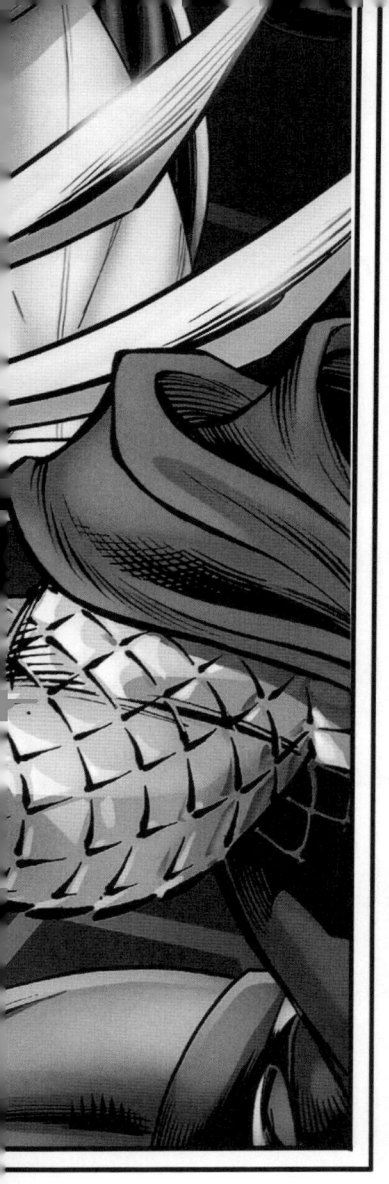

esse livro, os quadrinhos seriam uma fonte de violência, sexo e uso de drogas. Então, os políticos norte-americanos, pressionados pelos pais norte-americanos, criaram o Comics Code Authority, que se tornou o Código de Conduta para as HQs, que basicamente consistia na censura dos quadrinhos.Mesmo com o código, a Era de Prata trouxe de volta os heróis.

Foi nesse período que a DC reformulou muitos de seus personagens e a Marvel entrou em cena, com heróis mais próximos da realidade, muitas vezes inspirados em temas científicos, como o Quarteto Fantástico, Hulk e Homem-Aranha, criados principalmente pelo editor e escritor Stan Lee e pelo artista Jack Kirby. A Era de Prata também foi bastante marcada pelo surgimento dos grupos de heróis, como Vingadores, X-Men e Liga da Justiça.

A era seguinte foi a de Bronze (1970-1979), que começou com a diminuição da influência do Código de Conduta e marcou o início de uma época mais sombria para as HQs, que passaram a trazer temas como a morte e o uso de drogas. Além disso, houve a perda da aura de perfeição dos super-heróis, que passaram a errar e a sofrer as consequências de seus atos.

Por fim, a era Moderna ou de Ferro (1980 – atualmente) é caracterizada pelo grande número de publicações de *graphic novels* e histórias especiais, com temas mais adultos e complexos.

É uma época marcada por algumas das maiores publicações da história das HQs, como *Cavaleiro das trevas* e *Watchmen*, elevando de vez a importância dos quadrinhos como meio de comunicação. Também foi importante por popularizar os anti-heróis, como Wolverine.

Na década de 2000, o mercado viu a queda das publicações em papel e uma nova maneira de distribuição, a digital, além da aproximação dos quadrinhos com o cinema.

Os deuses da DC Comics

A DC Comics, junto à Marvel, é uma das maiores editoras e fábricas de HQs da história. Sua trajetória começa com o escritor e major do exército Malcolm Wheeler-Nicholson, que fundou a National Periodical Publications, em 1934. No início, a editora tinha duas publicações: *New Fun Comics* e a *New Comics*. Com o tempo, Malcolm mudou o nome delas para evitar confusão por parte do público. Passaram a se chamar, então, *More Fun* e *New Adventure Comics*. Até então, seus quadrinhos eram basicamente reedições de histórias já publicadas em jornais.

Com o tempo, a empresa começou a se endividar, pois os proprietários de bancas de jornal não queriam trabalhar com uma editora desconhecida. Havia muita devolução desse material, além de frequentes atrasos entre lançamentos de novas edições, forçando Malcolm a ter sócios: Harry Donenfeld e Jack Liebowitz. Os novos donos direcionaram as publicações ao público jovem, criaram a *Detective Comics* em 1937 e compraram a parte de Malcolm na sociedade em 1938. Então, durante a Era de Ouro, os heróis da DC começaram a surgir, símbolos das melhores virtudes, verdadeiros deuses na Terra.

21

Para isso, a DC tinha à disposição entre seus empregados Jerry Siegel (roteirista) e Joe Shuster (arte), os criadores do Superman, além de Bob Kane e Bill Finger, os "pais" do Batman. Em 1º de junho de 1938, o Homem de Aço fazia sua estreia na publicação *Action Comics*, e em 1939 surgia o Batman.

O sucesso dos heróis foi gigante e mais personagens surgiram: Lanterna Verde, criado em 1940 por Martin Nodell e Bill Finger, e Mulher-Maravilha, criada em 1941 pelas mãos de William Moulton Marston.

O que ajudou na popularização desses heróis foi o período da Segunda Guerra Mundial, que fez "bem" para os negócios, já que alguns personagens de quadrinhos foram usados como garotos-propaganda do esforço de guerra. Mesmo com a queda da popularidade dos heróis na segunda metade da década de 1940, as principais publicações sobreviveram.

Na Era de Prata, por causa do Código de Conduta e pelo fato de a DC segui-lo à risca com o intuito de manter suas

publicações sem ser censurada, muitos de seus personagens começaram a sofrer alterações que marcariam a história dos quadrinhos. Flash, por exemplo, teve muitos elementos atualizados, como o uniforme e a vida pública, o que foi um sucesso. Então, a editora resolveu fazer o mesmo com Lanterna Verde. As mudanças seguiam um padrão para atualizar conceitos científicos, em moda na época, em razão do surgimento de novas tecnologias e da corrida espacial.

Já na Era de Bronze, quando o Código não causava mais tanta influência, a empresa assimilou novos editores, principalmente vindos da Europa, como Alan Moore, Grant Morrison, Garth Ennis e Neil Gaiman. Também foi um período com diversas mudanças focadas na reformulação da origem dos heróis, como o *Ano um*, publicação do Batman. Essa época também foi marcada pelo especial *Crisis on Infinite Earths* (*Crise nas infinitas Terras*), criado para organizar cinco décadas de produção editorial, revisar histórias, poderes, personagens e linhas do tempo.

A partir do século XXI, mais uma vez os personagens foram atualizados para um novo público. Em 2005, a DC lançou a linha All-Star, na qual autores de renome tiveram a oportunidade de contar suas histórias com os maiores ícones da editora. Na mesma época, houve a criação dos *Novos 52*, a última grande reformulação dos heróis promovida pela DC.

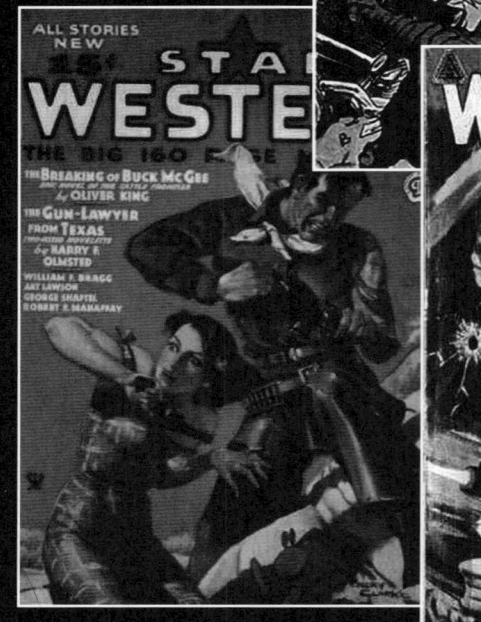

Os heróis humanos da Marvel

A Marvel foi fundada nos anos 1930, em Nova York, pelo editor de revistas *pulp* Martin Goodman. Martin começou sua carreira vendendo histórias de faroeste com o nome de *Western Supernovel Magazine*. Com o tempo, uma divisão da empresa foi criada para aproveitar o surgimento dos quadrinhos de heróis, com o nome de *Timely Comics*. Sua primeira publicação foi em 1939, em agosto, com o nome de *Marvel Comics* e os primeiros personagens foram Tocha Humana e Namor, o príncipe submarino.

O primeiro editor da Marvel foi Joe Simon, que trabalhava diretamente com um nome que faria história na editora, o artista Jack Kirby. Juntos criaram, em março de 1941, o Capitão América.

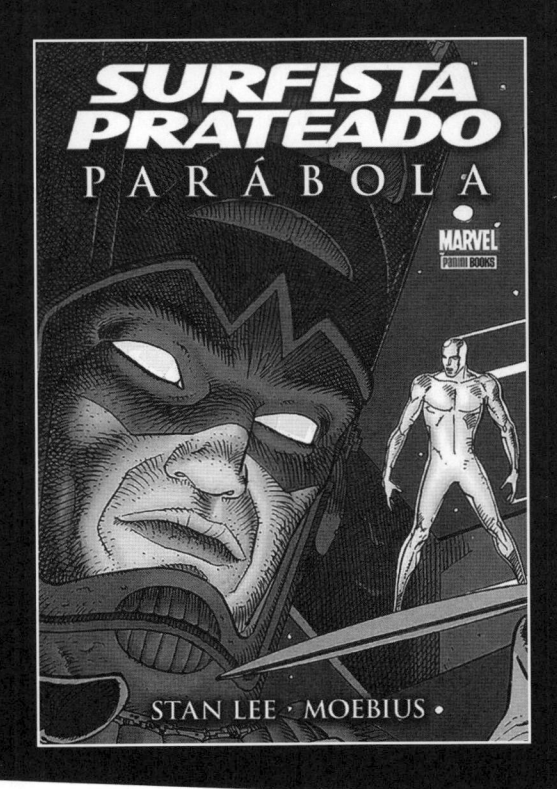

O segundo grande nome da Marvel é Stanley Lieber, primo da esposa de Goodman, que foi trabalhar na Marvel para fazer serviços administrativos. Mas, quando Simon saiu da editora, em 1941, o dono da Marvel colocou Stanley Lieber para escrever histórias, com o pseudônimo de Stan Lee, permanecendo no cargo de editor por décadas, exceto quando prestou serviço militar na Segunda Guerra Mundial.

Assim como a DC, a Marvel também sofreu com o pós-Segunda Guerra. Nos anos 1950, passou a publicar revistas de terror, faroeste, humor, espionagem e bíblicas, além

de ter adotado o nome de *Atlas* por certo tempo. O nome atual foi inspirado em uma editora, entre tantas outras, que operava no mesmo endereço da empresa de Martin Goodman, chamada Marvel Comics, cujo nome foi adotado pela empresa principal em 1961.

No início da década de 1960, graças ao sucesso da Liga da Justiça, a Marvel estreou sua própria reunião de heróis iniciando a lendária parceria entre Lee e Kirby. Foi então que lançou o Quarteto Fantástico, um sucesso instantâneo. A família de heróis abriu espaço para o surgimento de alguns dos maiores nomes da editora, como Hulk, Homem-Aranha, Thor, Homem de Ferro, os X-Men e os vilões Magneto, Galactus e Duende Verde.

A linha de personagens da Marvel, diferente da DC, foi de heróis mais humanizados, que têm problemas pessoais ou sociais, como a falta de dinheiro do Homem-Aranha ou a não aceitação dos mutantes em X-Men.

Na segunda metade da década de 1980, a Marvel foi comprada pelo empresário Ronald Perelman, que promoveu um aumento de publicações da editora. No entanto, uma década depois, foi acusado de tirar dinheiro da empresa, o que teria ocasionado uma crise intensa, principalmente com relação aos seus distribuidores. No auge dos problemas, outro investidor tomou a frente da Marvel, Isaac Perlmutter, que conseguiu reerguer a empresa.

O século XXI começou bastante agitado para a Marvel, que se aproveitou do sucesso cinematográfico de seus heróis e alinhou suas publicações com as histórias vistas nos filmes. Em 2007, adotou uma nova plataforma de distribuição: a digital. Nela, o leitor assinaria um serviço para receber as publicações para leitura no computador ou em *tablet*.

Outras editoras e selos

Dark Horse

Fundada em 1986 por Mike Richardson no estado do Oregon, EUA, seus dois primeiros títulos foram *Dark Horse Presents* e *Boris the Bear*. Com o tempo, surgiram seus primeiros grandes títulos, como *Sin City*, escrito de Frank Miller. A qualidade de seus profissionais rendeu diversos frutos, e a empresa publicou títulos importantes, como *Star Wars*, *Aliens*, *Predador*, *Mass Effect*, *Dragon Age* e *Conan*.

Vertigo

Selo da DC Comics criado em 1993, independente da linha editorial principal, ficou especializado em histórias adultas, com violência, nudez, drogas, palavrões e outros temas polêmicos. Suas maiores publicações foram *Watchmen*, *Sandman* e *V de Vingança*.

Icon

Selo da Marvel fundado em 2004 com liberdade para criar suas próprias publicações. Seus principais nomes são *Criminal*, *Empress*, *Kick-Ass* e *The Book of Lost Souls*.

Batman, o Cavaleiro das Trevas

Batman é um super-herói sem poderes, que sobreviveu a maus roteiristas, séries e filmes de qualidade duvidosa, para ser, discutivelmente, o personagem com as melhores histórias.

Criado pelo escritor Bill Finger e pelo artista Bob Kane, sua primeira aparição se deu na revista *Detective Comics* #27, em maio de 1939.

Requisitado graças ao sucesso de Superman, o personagem nasceu inspirado em Zorro, no Sombra e no filme *The Bat*, como um personagem sombrio. Conhecido pelas alcunhas de "Cruzado de Capa", "Cavaleiro das Trevas" e "Maior Detetive do Mundo", o herói é o *alter ego* do bilionário Bruce Wayne, filantropo e dono da corporação Wayne Enterprise.

Quando criança, Bruce testemunhou a morte de seus pais, o médico Thomas Wayne e a esposa Martha Wayne, em um assalto. O garoto, então, fez o juramento de combater a injustiça. Com o tempo, criou uma identidade secreta para combater o crime, usando como símbolo o morcego, um de seus medos. Fez um treinamento físico intenso e estudou diversas áreas, como Química, técnicas de fuga, disfarces e criminologia.

Batman começou a operar na cidade de Gotham City e, sem poderes, usa a tecnologia a seu favor, como ferramentas e veículos, e também seu

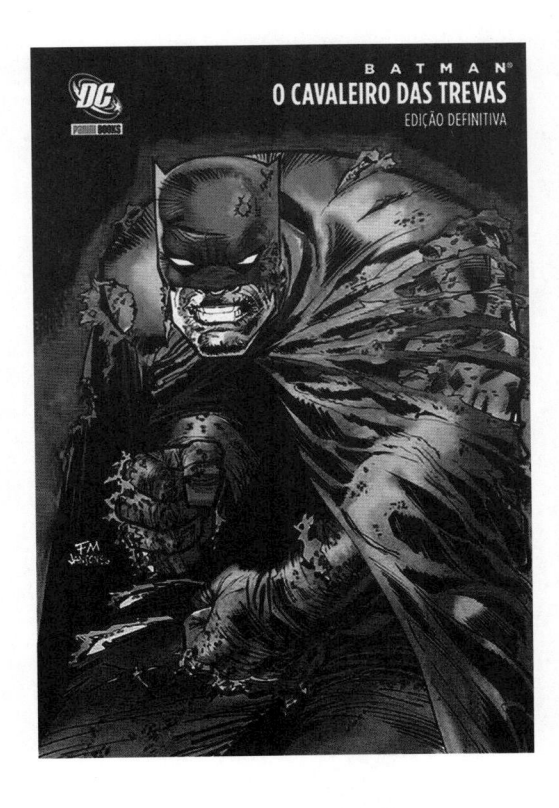

corpo, por ser especialista em artes marciais, e seu intelecto, por ser um grande estrategista, inventor e investigador.

Na Era de Ouro, Bruce Wayne, depois de perder os pais, que foram assassinados, foi criado por seu tio, Philip Wayne. Após se tornar Batman, adotou Dick Grayson, que também perdera os pais, assassinados no circo de Gotham. Essa versão do Batman, que foi esquecida na *Crise nas infinitas Terras*, casou-se com a Mulher-Gato, Selina Kyle, e teve uma filha, Helena Wayne. Foi comissário de polícia quando Gordon se aposentou e foi morto pelo criminoso Bill Jensen.

Na Era de Prata, durante a década de 1950, surge uma versão nova, que durou até a década de 1980. Nela, seus pais foram mortos a mando do gângster Lew Moxon. Bruce é então criado pelo mordomo Alfred e recebe treinamento de um policial de Gotham, Harvey Harris. Forma-se na faculdade e se vinga de Moxon. A ficção científica é uma marca dessa versão, assim como suas ações como detetive.

HABILIDADES/ESPECIALIDADES DO BATMAN

- Combate corpo a corpo
- Mestre em fugas, disfarces e explosivos
- Cientista e inventor
- Acrobata
- Piloto
- Ocultação
- Inteligência
- Estratégia

RECURSOS

- Dinheiro
- Cinto de utilidades
- Capa
- Traje à prova de balas
- Batcaverna
- Batmóvel

Os uilões do morcego

Segundo especialistas e fãs de quadrinhos, Batman tem o maior panteão de arquirrivais. Quase todos sem poderes especiais, mas com uma coisa em comum: uma mente psicótica. Veja a seguir alguns deles.

CRIADOS NOS ANOS 1940

- Coringa, o grande arquirrival
- A ladra Selina Kyle, a Mulher-Gato
- Oswald Chesterfield Cobblepot, o Pinguim
- Edward "Nygma" Nashton, o Charada
- Harvey Dent, o Duas-Caras
- Jervis Tetch, o Chapeleiro Louco
- Jonathan Crane, o Espantalho

CRIADOS ENTRE 1950 E 1970

- Victor Fries, o Senhor Frio
- Pamela Lillian Isley, a Hera Venenosa
- Kobra
- Valete
- Ra's Al Ghul

CRIADOS NOS ANOS 1980

- Waylon Jones, o Crocodilo
- Roman Sionis, o Máscara Negra
- Arnold Wesker, o Ventríloquo

CRIADOS NOS ANOS 1990

- Bane
- Harleen Quinzel, a Arlequina

PENGUIN™
DC Stars™

Superman, o Homem de Aço

Superman e o conceito de super-heróis se confundem, pois o Homem de Aço é considerado o maior de todos. Criado por Joe Shuster e Jerry Siegel, o alienígena apareceu pela primeira vez na *Action Comics* #1, em 1938. É o responsável direto pelo pontapé inicial da relação quadrinhos e heróis e pela popularização das HQs.

Vindo do planeta Krypton, seu verdadeiro nome é Kal-El, filho de Jor-El e Lara Lor-Van. Jor-El era um cientista que previu o destino de seu planeta quando descobriu a instabilidade de seu núcleo. Mesmo tendo alertado as autoridades locais, não recebeu a atenção devida. Com o final do planeta em andamento, cria uma nave espacial para enviar, com destino à Terra, seu único filho.

A nave de Kal-El cai em Smallville, Kansas, nos Estados Unidos. O pequeno kryptoniano é achado pelos fazendeiros Jonathan e Martha Kent e criado como filho, com o nome de Clark Kent. Kal-El cresce e descobre seus poderes aos poucos, sem nunca revelar ao público seus dons. Segundo os estudos de Jor-El, o destino da nave de seu filho era proposital. Na Terra, Kal-El ganharia seus poderes graças à relação de sua constituição física com a energia vinda do Sol amarelo do sistema solar. Soma-se a esse fato a gravidade menor da Terra em relação à de Krypton.

Clark Kent cresce e se muda para Metrópolis, a maior (e fictícia) cidade do universo DC. Formado em jornalismo, consegue trabalho no Planeta Diário.

É um personagem que sofreu menos alterações ao longo de sua

história. Marco zero da Era de Ouro, foi um sucesso imediato para a DC, o que resultou na criação de sua revista própria, *Superman*. Ícone pop, é um dos personagens mais reconhecíveis em todo o globo. Sua "morte", em 1992, mostrou muito de sua importância e foi um dos maiores eventos da história dos quadrinhos, que ultrapassou as barreiras de seu veículo e foi discutido de diversas formas.

PODERES

- Superforça
- Invulnerabilidade
- Supervelocidade
- Visão de raios-X
- Superaudição
- Sopro congelante
- Voo
- Visão de calor

FRAQUEZAS

Sua maior fraqueza é a kryptonita, mineral originário de seu planeta, que foi arremessado pelo universo com a explosão de Krypton. O mineral anula seus poderes e pode matá-lo em caso de exposição prolongada.

VILÕES

- Lex Luthor, seu maior arquirrival
- Brainiac
- Darkseid
- Mr. Mxyzptlk
- Apocalypse
- Bizarro
- General Zod
- Parasita
- Lobo
- Mongul
- Livewire
- Metallo

Maiores obras dos quadrinhos

Após tantas décadas, os quadrinhos ganharam valor e respeito enquanto meio de contar histórias. Além dos contos de heróis e demais temas abordados, alguns títulos podem ser destacados como aqueles que elevaram o nível das HQs a patamares nunca antes vistos. Para muitos, *Watchmen* é considerada a maior HQ de todos os tempos, pois revolucionou a maneira de contar histórias em quadrinhos e elevou o conceito do gênero. Rico em detalhes e com uma história densa, o título é famoso por exigir do leitor várias leituras para absorver todos os seus conceitos.

Escrito por Alan Moore e com arte de Dave Gibbons, *Watchmen* foi publicado sob o selo Vertigo em 12 edições, entre 1986 e 1987. No mundo de Watchmen, os heróis são figuras reais, vigilantes que combatem o crime mesmo sem poderes. A obra é parte de uma premissa de metalinguagem, uma HQ que debate como seria a influência de vigilantes mascarados na sociedade. Há um personagem com poderes ilimitados, Doutor Manhattan, por meio do qual se discute como um ser onipotente afetaria a política e as relações internacionais, por desequilibrar qualquer disputa.

Em um mundo alternativo no qual os EUA venceram a Guerra do Vietnã, Doutor Manhattan é o único "herói" que pode agir, já que a Lei Keene, de 1977, baniu os heróis mascarados da sociedade após a greve da polícia de Nova York e a revolta da população contra os vigilantes, que, em sua opinião, agiam acima da lei. A lei, então, impôs severas regras: quem quisesse continuar, teria de se registrar. A maioria dos heróis se aposentou e alguns optaram pela clandestinidade.

A história se passa nos anos 1980 e começa com o assassinato de um desses vigilantes, o Comediante, que trabalhou para o governo norte-americano durante as guerras. Um de seus antigos companheiros, Rorschach, que age fora da lei, tenta descobrir quem matou o Comediante e descobre uma trama de abrangência global.

Outra história de uma linha do tempo alternativa é *V for Vendetta*, ou em português, *V de Vingança*. Escrita por Alan Moore e desenhada por David Lloyd, foi publicada em 1982 pela editora britânica Warrior (e pela Vertigo nos EUA). Em 1997, o Reino Unido está sob a mão forte de um partido totalitário, que ascendeu ao governo após uma guerra nuclear. O regime fascista controla os meios de comunicação e tem campos de concentração à sua disposição. Nesse futuro distópico, um revolucionário executa ações diretas contra os fascistas, visando acordar o povo contra seu governo tirano.

Alguns títulos usaram eventos históricos para criar seu próprio enredo, como *300*, publicado em maio de 1998 e escrito e ilustrado por Frank Miller para a Dark Horse. Multipremiada pela indústria dos quadrinhos, a *graphic novel* foi inspirada na Batalha das Termópilas e segue a perspectiva do rei de Esparta, Leônidas. Em 480 a.C., ele reuniu 300 de seus melhores guerreiros para deter o avanço do exército persa em suas terras, comandado por Xerxes. Num local de difícil acesso, capaz de deter o avanço inimigo, a estratégia foi bem-sucedida, até que os espartanos foram traídos por um soldado – banido por suas deformidades corporais –, que mostrou aos persas um caminho secreto.

Maus segue a mesma linha de *300*, no entanto tem uma história muito mais fidedigna. A HQ, escrita pelo sueco Art Spiegelman, foi publicada entre o início de 1980 e o ano de 1991. Spiegelman narra a trajetória de seu pai, um judeu polonês, durante o holocausto promovido pela Alemanha nazista. A HQ aborda como a guerra afetou o pai de Spiegelman, além de temas como o antissemitismo, a luta pela sobrevivência e a morte.

Ao longo da história, são retratados os dias nos campos de concentração onde o pai de Spiegelman, Vladek, está trancafiado, além de alguns pontos importantes da primeira metade da Segunda Guerra Mundial, como a invasão da Polônia. A perseguição àqueles que eram vistos como inimigos ou inferiores pelo Terceiro Reich, principalmente os judeus, também é retratada. Uma das principais características da obra é a opção de Art em usar animais para distinguir as nacionalidades presentes na história: judeus como ratos, poloneses como porcos, alemães como gatos e norte-americanos como cachorros.

O Caualeiro das Treuas

Escrito e desenhado por Frank Miller, com arte final de Klaus Janson e cores de Lynn Varley, The Dark Knight foi publicado em 1986, em quatro volumes. Considerado junto com Watchmen um dos maiores quadrinhos de todos os tempos, segue uma cronologia à parte da linha principal da DC. Ambientada no futuro, essa série especial traz Batman aposentado há dez anos, desde a morte de Robin, Jason Todd, pelas mãos do Coringa.

Bruce Wayne volta à ativa devido à onda de violência proporcionada por um grupo chamado "Os Mutantes" em Gotham City. Batman enfrenta a gangue, que recebia armamento do exército norte-americano, e derrota seu líder com a ajuda do Robin desta história, uma garota chamada Carrie Kelly. Os demais membros da gangue adotam Batman como seu líder e tornam-se vigilantes treinados pelo Homem-Morcego.

Nesse meio-tempo, assim como Batman, Coringa volta à cena. Preso por muitos anos no Asilo Arkham, descobre que seu antigo nêmesis ressurgiu e volta a cometer crimes em Gotham.

Para retomar a ordem, o governo dos EUA solicita que Superman detenha Batman e os Mutantes. Dá-se o combate, então, entre dois dos três maiores heróis da DC. Batman compensa os superpoderes do Superman com uma estratégia que inclui cápsulas contendo kryptonita e um traje capaz de suportar os ataques do Homem de Aço. Após uma batalha épica, Batman vence, mas sofre um ataque cardíaco e é declarado morto.

No final, descobre-se que Batman forjou sua morte, para retomar o controle de seus vigilantes e combater, das ruínas da batcaverna, o governo corrupto que o deseja morto.

A Morte de Superman

História publicada em 1992, esse evento da DC Comics teve uma repercussão poucas vezes vista na história das HQs. Na história, criada por Dan Jurgens, Jerry Ordway, Karl Kesel, Louise Simonson e Roger Stern, Superman enfrenta Apocalypse em território norte-americano, uma luta que exige todo o seu poder, dada a dificuldade de enfrentar semelhante adversário. O final da batalha marca a queda dos dois combatentes.

Guerra Civil

Escrita por Mark Millar e desenhada por Steve McNiven, *Guerra Civil* foi publicada em sete partes, entre 2006 e 2007. Grande evento da Marvel, envolveu a maioria de seus personagens e afetou quase todas as publicações da editora: uma história contada por uma linha principal, mas com repercussões em várias das revistas dos heróis.

Esse evento colocou heróis contra heróis por causa de uma lei norte-americana, a Lei de Registro de Super-Humanos, que determinava que os vigilantes deveriam agir sob supervisão do governo e ser responsabilizados por seus atos.

O movimento começou quando um grupo de heróis, durante a gravação de um *reality show*, causa uma grande explosão com centenas de feridos. O caso repercutiu entre os heróis. Havia aqueles que eram a favor, liderados pelo Homem de Ferro, e aqueles que eram contra, com Capitão América na liderança.

X-Men: dias de um futuro esquecido

Icônico arco dos X-Men, publicado em 1981, traz um futuro alternativo aos mutantes, que foram aprisionados em um campo de concentração ou mortos por um sistema antimutantes, defendido pelos grandes robôs Sentinelas. Nessa situação crítica, a mutante Kitty Pryde transfere sua mente para o passado para tentar mudá-lo e impedir momentos-chave que levaram ao futuro distópico.

Ela volta para 1980, quando ocorreria o assassinato do senador norte-americano Robert Kelly, que acabaria gerando um sentimento ainda maior contra os mutantes: leis rígidas seriam formuladas, além do projeto que criaria as Sentinelas.

Quadrinhos notáueis

Turma da Mônica

Mundialmente conhecida e adorada, a Turma da Mônica foi criada pelo cartunista Mauricio de Sousa, quando ele ainda trabalhava no jornal *Folha da Manhã*. A obra de Mauricio surgiu em 1959, na forma de tirinhas de jornal, com dois personagens: Bidu e Franjinha. Em 1960, surgiram Cebolinha, amigo de Franjinha, Piteco, Astronauta e Horácio, este inspirado no próprio Mauricio.

Em 1963, as leitoras de Mauricio reclamavam da falta de meninas nas histórias. Assim nasceu Mônica, garota inspirada em uma das filhas do cartunista.

Na década de 1970, suas revistas começaram a ser publicadas em diversas séries, como a *Turma do Chico, Tina, Penadinho* e muitas outras. Desde então, são publicadas em diversos países e tornaram-se um dos símbolos brasileiros em todo o mundo.

Sandman

Obra máxima de Neil Gaiman, autor britânico, é um conjunto de histórias adultas publicado pela Vertigo. Nela, há uma personificação de entidades transformadas em uma espécie de família, que interage e faz parte da linha do tempo da Humanidade: Delírio, Desejo, Desespero, Destino, Destruição, Morte e Sonho, sendo o último o protagonista da série.

The Walking Dead

Essa HQ, publicada a partir de 2003 em preto e branco, escrita por Robert Kirkman e desenhada por Tony Moore e Charlie Adlard, mostra a luta pela sobrevivência em um mundo pós-apocalíptico assolado por zumbis. A civilização entra em colapso, e as pessoas que restam precisam sobreviver aos mortos-vivos. A história principal segue Rick Grimes, policial no estado da Geórgia, EUA, e sua família, composta de sua mulher (Lori) e seu filho (Carl). Ao longo das edições, pessoas começam a segui-lo para tentar sobreviver a cada dia à falta de comida e aos inimigos à espreita, como o Governador e Negan.

Conan

Conan é um personagem criado pelo texano Robert E. Howard, em 1932, na revista pulp *Weird Tales*. Suas HQs só seriam publicadas em quadrinhos inicialmente no México, nos anos 1950, e pela Marvel na década de 1970. As aventuras do cimério são uma parte extremamente importante da história dos quadrinhos, pois são consideradas o marco zero do subgênero fantasia de "capa e espada".

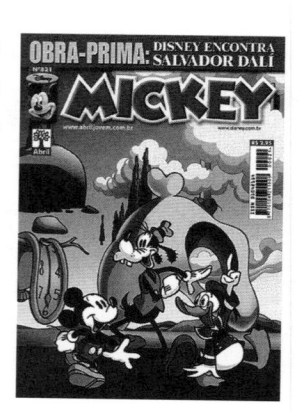

Conan é um poderoso guerreiro que vive em um mundo fantástico cheio de magia, demônios e outras criaturas. Ao longo de suas 19 histórias escritas por Howard, vemos a saga do guerreiro, que nasceu filho de um ferreiro. Ele deixa sua tribo para conhecer o mundo, mas acaba sequestrado. Porém, consegue escapar e se torna, ao longo de sua vida, pirata, mercenário, ladrão e rei da Aquilônia.

Disney

O império do entretenimento criado por Walt Disney deve muito aos quadrinhos de seus personagens, que foram e ainda são importantes no mundo das HQs, principalmente nos EUA, na Itália e no Brasil. A primeira revista foi publicada em janeiro de 1931, com as tiras do Mickey. Foram 24 produções desenhadas por Ub Iwerks e as 43 seguintes por Win Smith. O Pato Donald surgiu em dezembro de 1934, na história *A galinha sábia*, e sua popularidade cresceu rapidamente.

As Aventuras de Tintim

Criadas pelo belga Georges Prosper Remi (Hergé), *As aventuras de Tintim* contam as histórias vividas por um jovem repórter que viaja pelo mundo resolvendo mistérios, com direito a espionagem, vilões nazistas e ficção científica.

Publicado pela primeira vez no jornal *Le Vingtième Siècle*, em 1929, Tintim tem a companhia de diversos amigos, como o cachorro Milu e o capitão Haddock. Com o tempo, ganhou revista própria, a *Le Journal de Tintin*.

Curiosidades das HQs

PRIMEIRA EXPOSIÇÃO INTERNACIONAL DE HISTORIETAS

Está sendo organizada em S. Paulo e por iniciativa de cinco artistas jovens depois de 10 anos de trabalho

S. PAULO (Da Sucursal — Reportagem de Tito Silveira) — Pela primeira vez no mundo, ao que se sabe, realiza-se uma exposição internacional sôbre historietas de quadrinhos.

Cinco artistas moços, Jaime Cortez, Silas Roberg, Alvaro de Moya e dois companheiros, durante dez anos, coligiram o material necessário.

"Queremos mostrar que as histórias em quadrinhos, quando bem executadas, são verdadeiras obras de arte, com a sua linguagem própria e em idade adulta" — disse-nos Jaime Cortez, durante a montagem dos painéis.

"Há realmente historietas super-fantásticas, hiper-românti

CONCLUI NA PÁGINA 6 N.º

BRASIL... SIL... SIL...

A Expo Internacional de Quadrinhos, primeira exposição de quadrinhos do mundo, foi realizada em São Paulo, em 18 de junho de 1951, organizada pela Associação Brasileira de Imprensa.

EU SOU O HOMEM DE FERRO

Stark significa "força" em diversas línguas, incluindo sueco e alemão.

BARGANHA

Venom, inimigo nas histórias do Homem-Aranha, foi criado por um fã do aracnídeo e comprado pela Marvel por 220 dólares.

NEM A PAU

O Sr. Imortal é um personagem que tem apenas um poder especial: a imortalidade. Apesar de já ter sofrido diversos atentados, como afogamento, esmagamento, explosão e decapitação, o sujeito continua vivo.

CAPITALISMO SELVAGEM

Após grandes combates entre super-heróis e vilões, os locais costumam sair bem destruídos, principalmente no caso das grandes cidades. No universo Marvel, reparar a destruição causada durantes as batalhas é o trabalho da Damage Control (Controle de Danos), uma empresa especializada em reconstrução.

SOCO RÁPIDO

O Flash é um personagem famoso por sua velocidade, mas, por causa de seu dom, ele pode também ser efetivo ofensivamente, graças ao soco de massa infinita: um soco desferido à velocidade da luz. Segundo as leis da Física, o impacto seria capaz de extinguir a vida na Terra, tal qual o meteoro que exterminou os dinossauros.

Eles também foram merecedores?

O martelo de Thor, Mjolnir, já foi empunhado por dez personagens. O poderoso artefato foi criado por Odin, que o deu ao seu filho dizendo que somente aquele que fosse digno poderia empunhar o martelo mágico.

1. Visão: a entidade foi capaz de usar o martelo em um combate dos Vingadores, após discursar para os demais heróis que estavam com moral baixa;

2. Conan: em um crossover com o cimério, Thor lutou ao lado de Conan contra o vilão Thoth-Amon;

3. Bor: pai de Odin, foi enganado por Loki e atacou Nova York. Thor o enfrentou e arremessou Mjolnir contra seu avô, que segurou a arma e a destruiu;

4. Superman: no crossover entre a Liga da Justiça e os Vingadores, o Homem de Aço usou o martelo mitológico;

5. Capitão América: o valoroso soldado empunhou Mjolnir nas lutas contra Grog e Serpente;

6. Hulk: O gigante verde conseguiu levantar Mjolnir na força bruta em uma luta contra Thor;

• • • • • • • • • • • • • • • •

7. Magneto: o Senhor do Magnetismo criou um campo magnético para controlar a arma;

• • • • • • • • • • • • • • • •

8. Viúva Negra: em uma época em que Thor estava exilado, Natasha Romanoff tomou para si o martelo e ficou com poderes semelhantes aos do filho de Odin;

• • • • • • • • • • • • • • • •

9. Eric Masterson: Na batalha contra Mongoose, Thor recebe a ajuda de um simples humano, Masterson, que cedeu seu corpo para o herói, o qual estava muito ferido (os dois foram fundidos por Odin). No final da luta, Odin deu um martelo para Eric, Thunderstrike;

• • • • • • • • • • • • • • • •

10. Mulher-Maravilha: a heroína tomou o Mjolnir em uma batalha entre Thor e Shazam, porém não lutou com o artefato por considerar uma vantagem injusta.

• • • • • • • • • • • • • • • •

Além-túmulo

Um dos pontos mais polêmicos do mundo dos quadrinhos é a ressurreição de personagens, às vezes, das maneiras mais esdrúxulas. No entanto, em décadas de história, alguns partiram e permaneceram no limbo.

1. Mar-Vell
2. Homem-Elástico
3. Shayera Thal
4. Aranha Escarlate
5. Questão
6. Al Pratt
7. Starman
8. O Ancião
9. Hellboy

Eu tenho a força

Gostamos de ver os personagens se enfrentando e usando seus poderes para destruir tudo. Porém, quem são os personagens mais poderosos das HQs?

1. Multiverso (Maruel)
2. Tribunal Vivo (Maruel)
3. Entidades Abstratas (Maruel)
4. A Presença (DC Comics)
5. Galactus (Maruel)
6. Thanos (Maruel)
7. Imperiex (DC Comics)
8. Anti Monitor (DC Comics)
9. Darkseid (DC Comics)
10. Apocalipse (Maruel)

Parcerias

Os crossovers são reuniões de universos dos quadrinhos, geralmente entre personagens de diferentes editoras. Confira os melhores encontros dos quadrinhos de todos os tempos:

- **Archie & Justiceiro**
- **Spawn & Batman**
- **Lanterna Verde & Surfista Prateado**
- **X-Men & Jovens Titãs**
- **Superman & Muhammad Ali**
- **Batman & Capitão América**
- **Hulk & Superman**
- **Liga da Justiça & Vingadores**
- **Darkseid & Galactus**

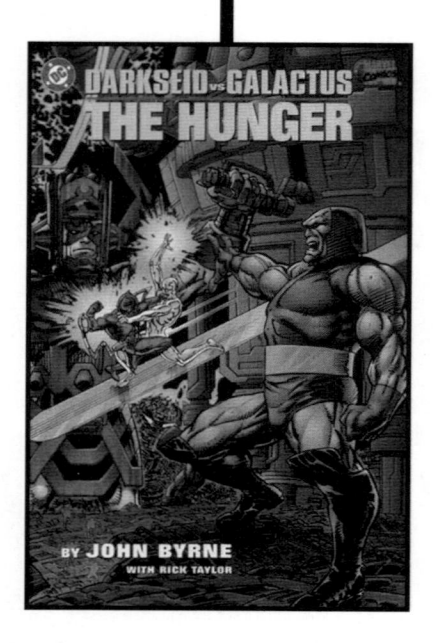

Animes e Mangás

Introdução

Conhecer uma cultura estrangeira é imergir naquilo que ela fornece de mais peculiar, e poucos países nos abrangem de forma tão contundente nessa partilha de cultura quanto o Japão. Seja por intermédio da gastronomia, seja por intermédio das artes, o país oferece um leque de possibilidades para que possamos conhecer seus pensamentos, costumes e visões de mundo, e uma delas se dá por intermédio dos mangás e animes. O que pode a princípio parecer apenas uma forma de entretenimento carrega o universo de valores de uma sociedade distinta; portanto, explorar esse universo é enriquecer nosso próprio repertório cultural com seus mundos fantásticos de Cavaleiros do Zodíaco e guerreiras cósmicas. Ficou curioso para saber mais sobre essas icônicas artes japonesas? Então junte-se a nós no lado de lá do mundo!

linha do tempo

1798

O termo "mangá" aparece pela primeira vez na descrição de um livro de figuras chamado *Shiji no Yukikai*, de Santō Kyōden.

1874

Publicação da *Eshinbun Nipponchi*, a primeira revista de mangás da história.

1895

Lançamento da *Shōnen Sekai*, primeira revista voltada ao gênero shonen.

1905

O bem-sucedido *Tokyo Pakku* é publicado em meio ao boom de mangás durante a Guerra Russo-Japonesa.

1906

Criação da *Shōjo Sekai*, versão alternativa da *Shōnen Sekai* direcionada ao público feminino.

1907

Lançamento do que é considerado o primeiro anime da história, em Quioto. A obra apresenta um marinheiro removendo seu chapéu e saudando o público.

1924

Kodomo Pakku é veiculada pela primeira vez. A publicação consagrou-se por ser a pioneira no uso de balões de conversa, uma vez que os mangás que vieram antes dela eram "silenciosos".

1935

Publicação de *Manga no Kuni*, que trazia informações sobre como se tornar um mangaká (denominação japonesa para quadrinista).

1945

Momotarō: Umi no Shinpei, primeiro longa-metragem de anime, é lançado. A obra foi encomendada pela Marinha do Japão como um meio de propaganda na Segunda Guerra Mundial.

1946

Inspirado pelas obras de Walt Disney, Osamu Tezuka cria seu primeiro mangá, *Diary of Ma-chan*. O mangaká viria a ser considerado o pai do mangá moderno. No mesmo ano, é lançado o mangá *Sazae-san*.

A obra seria adaptada para o formato anime em 1969, obtendo posteriormente o recorde no *Guiness Book* como uma das mais duradouras animações japonesas da história.

1961

Lançamento do *Otogi manga calendar*, o primeiro anime transmitido via TV.

1962

Astro Boy, de Osamu Tezuka, é criado. O anime foi o primeiro da história a conter 25 minutos de duração.

1963

Lançamento de *Tetsujin 28-Gou*, o primeiro anime a apresentar um robô.

1974

Inspirado pelo sucesso da saga *Star Wars*, *Space battleship Yamato* é lançado.

1979

O anime *Mobile suit Gundam*, de Yoshiyuki Tomino, chega à TV. A obra é a pioneira do gênero mecha.

1984

Lançamento do mangá *Dragon Ball*, que seria transformado em anime dois anos mais tarde. A franquia se tornaria um fenômeno mundial, estabelecendo-se como uma das mais lucrativas de todos os tempos.

1986

A consagrada franquia *Os cavaleiros do Zodíaco* é lançada nos formatos mangá e anime.

1992

O mangá *Sailor Moon*, de Naoko Takeuchi, é lançado. No mesmo ano, a franquia é transportada para o formato de anime.

1997

Lançamento de *Pokémon*, de Satoshi Tajiri. A franquia tornou-se uma das mais famosas obras de anime/mangá do mundo. No mesmo ano, é publicado o primeiro mangá da saga *Naruto*, adaptada para o formato de anime em 2002.

2003

Publicação do mangá *Death Note*, que seria transportado para o formato anime três anos mais tarde.

2008

O Japão confere a Doraemon o título de "embaixador do anime" para que o personagem promova o formato ao redor do mundo.

2014

Lançamento do remake do anime *Sailor Moon*, denominado *Sailor Moon Crystal*. A série soma um total de 26 episódios.

O que é mangá?

Para entender o que é mangá, vamos começar pelo próprio significado da palavra. O termo "mangá" é uma junção de dois caracteres da língua japonesa: o kanji "man", que representa "improviso" ou "capricho", e o kanji "ga", que significa "imagens". O mangá, em linhas gerais, consiste no que podemos denominar como história em quadrinhos japonesa. Trata-se de um estilo cujas origens remontam ao período entre 1600 e 1865, época denominada no Japão como Edo, na qual foram criadas as primeiras histórias que se desenvolviam pela dinâmica entre as imagens desenhadas. O desenvolvimento do mangá ganharia impulso durante a Era Meiji, período em que o contato do Japão com os países ocidentais permitiu que as suas obras em quadrinhos fossem influenciadas pelas produções estrangeiras. Tamanha influência encontraria eco décadas mais tarde, durante o "reinado" de Walt Disney, que exerceria influência fundamental na maneira de conceber os mangás, como reconheceria o próprio artista Osamu Tezuka. Na atualidade, os mangás desfrutam de popularidade mundial, ocupando lugar de destaque no mercado e catapultando franquias consagradas da cultura popular japonesa, como *Dragon Ball*, *Sailor Moon* e *Pokémon*.

Por que esses olhos tão grandes?

Muito se fala acerca dos olhos gigantes dos personagens de mangá e anime, mas pouco sobre as razões disso. Já ouviu a expressão que afirma que "os olhos são o espelho da alma"? Esse é, em termos práticos, o motivo desse apelo ao olhar em tais obras. Quanto maior o olho, mais forte é sua expressividade, o que ajuda significativamente na representação do estado físico e emocional dos personagens. Outra grande influência para o tamanho dos olhos provém dos trabalhos de Walt Disney, que inspiraram a estética consagrada do mangaká Osamu Tezuka.

Sobre as expressões corporais, é interessante apontar os elementos próprios da estética dos animes e mangás, como a gota de água que aparece no rosto de um personagem quando ele se vê sem graça, os chifres ou dentes que surgem quando alguém está irritado e a repentina diminuição de tamanho quando um personagem se sente apavorado ou envergonhado.

O que é anime?

O anime é, em sua definição mais simples, o desenho animado japonês produzido por estúdios. O primeiro ponto a ser destacado acerca dessa arte é que o Japão considera anime todas as formas de animação existentes no mundo, diferente do Ocidente, que entende o anime como um estilo de animação estritamente japonês.

Dito isso, deliberemos as origens da palavra: não se sabe ao certo a proveniência do termo, mas acredita-se que ele derive da palavra inglesa *animation* ou da francesa *animé*. Qualquer que seja a real origem, o fato é que a indústria dos animes é um mercado de peso no Japão. O país conta com mais de 430 estúdios de produção de animes, entre os quais destacam-se a consagrada Toei Animation, a Gainax e o Studio Ghibli. Esses lugares são responsáveis por fornecer aos fãs desenhos animados caracterizados pelos enquadramentos inusitados, pela estética ágil e pela riqueza temática que envolve desde mundos pós-apocalípticos até universos dotados de criaturas carismáticas, como é o caso de *Pokémon*. O sucesso mundial dos animes é ainda responsável por inspirar a criação de obras não japonesas do estilo, embora essas não recebam o título de anime, mas de animações influenciadas por animes.

Conheça os formatos dos animes

SÉRIE

As séries de anime caracterizam-se fundamentalmente por sua transmissão na TV antes da veiculação em DVD. As séries podem chegar a centenas de episódios, que têm em média 23 minutos de duração e, em geral, uma qualidade de animação inferior à dos filmes e OVAS, em razão da necessidade de distribuir o orçamento para uma grande quantidade de capítulos.

OVA

O OVA (sigla para Original Video Animation) refere-se aos animes lançados diretamente em DVD, isto é, sem exibição anterior na televisão. Os OVAS têm menor duração em relação aos longas-metragens e dividem-se em episódios.

FILME

Os filmes de animes possuem exibição nos cinemas e lançamento em DVD. Há casos, porém, de séries que são editadas para se tornarem um longa-metragem. Os filmes caracterizam-se, sobretudo, pela maior qualidade de imagem em razão do alto orçamento.

Os gêneros de mangás e animes

Kodomo

O gênero kodomo caracteriza-se por ser direcionado ao público infantil. Assim, seus mangás e animes possuem histórias mais simples, as quais assumem uma função educativa ao mesmo tempo que entretêm as crianças. Em termos estéticos, as obras desse gênero apresentam desenhos bastante estilizados e menos violência, se comparadas aos títulos voltados para os "mais velhos". *Pokémon* e *Hamtaro* são grandes exemplos da categoria kodomo, apresentando enredos nos quais a amizade é sempre o maior valor a ser preservado.

OBRAS DE DESTAQUE

Pokémon

Lançada originalmente no formato de jogo para Game Boy e publicada pela Nintendo, a franquia *Pokémon* é uma das obras de anime/mangá mais famosas do mundo. Concebida por Satoshi Tajiri em 1995, a série apresenta ao público os chamados Pokémon, seres que as pessoas têm a chance de capturar e treinar para duelarem contra adversários. O anime narra as aventuras de Ash Ketchum, que, junto ao seu Pokémon Pikachu, luta para se tornar um mestre Pokémon. Nessa jornada, Ash é acompanhado na maior parte do tempo pelos amigos Brock e Misty, bem como vez ou outra é importunado pela inconveniente Equipe Rocket. Os mangás, em contrapartida, apresentam uma gama de personagens e histórias distintas, tais como os títulos *Pokémon Chamo-Chamo Party* e *Pokémon Zensho*.

Além desses trabalhos, a saga ainda conta com duas séries de quadrinhos japoneses feitas a partir dos jogos Pokémon Mystery e Pokémon Colosseum.

Digimon

Criada em 1997 por Akiyoshi Hongo, a franquia Digimon – nome proveniente de *digital monsters* – apresenta a trama de seres virtuais que habitam o digimundo, realidade digital acessível via internet, e batalham junto às crianças humanas para derrotar as forças maléficas que atuam na Terra. Os Digimon, como são chamadas tais criaturas, sofrem um processo denominado "digievolução", que lhes permite se tornar mais poderosos, avançando do nível bebê até a categoria campeão ou até mesmo perfeito. Inicialmente, a franquia foi lançada para o formato dos famosos bichinhos virtuais, mas no mesmo ano transportou-se para os mangás por meio da obra *C'mon Digimon*, de Izawa Hiroshi e Tenya Yabuno. Por sua vez, o segundo mangá da saga, *Digimon Adventure V-Tamer 01*, trouxe as aventuras de Taichi Kamiya, personagem que viria a protagonizar a primeira temporada do anime da franquia, *Digimon Adventure*

(1999). Ao todo, o anime conta com sete temporadas e aproximadamente 200 episódios.

Astro Boy

Astro Boy, conhecido no Japão como o *Poderoso Atom*, é uma franquia que se consagrou na cultura pop por popularizar o formato anime no país. A saga é encabeçada por Atom, um robô em forma de garoto que tem como missão defender o mundo das forças malignas. O android foi construído pelo chefe do Ministério da Ciência, Dr. Tenma, em uma tentativa de preencher o vazio deixado por seu filho, que morreu em um acidente de carro. Incapaz, porém, de assemelhar-se à criança tanto por sua estética robótica quanto pela impossibilidade de crescer, Atom é rejeitado por seu criador, sendo obrigado a aprender a viver por conta própria. Os mangás da série, escritos e desenhados por Osamu Tezuka, foram lançados entre o período de 1952 e 1968. O anime, por sua vez, foi transmitido pela primeira vez no Japão em 1963, tornando-se um sucesso nacional e, posteriormente, internacional. A popularidade renderia a *Astro Boy* um remake em 1980 e em 2003, bem como um longa-metragem norte-americano em 2009.

Shonen

Considerado o estilo mais popular de anime/mangá, o shonen caracteriza-se por estar orientado ao público masculino de 10 aos 18 anos de idade, apesar de não se limitar a ele. As histórias do gênero giram em torno de jovens que devem superar desafios para conquistar um objetivo e, para tal, contam com a ajuda de amigos – o que envolve na maior parte do tempo participar de batalhas. Com panos de fundo variados que vão desde um universo mágico até um campo de esportes, o estilo shonen apresenta como seus principais expoentes *Dragon Ball*, *Naruto* e *Os cavaleiros do Zodíaco*.

OBRAS DE DESTAQUE

Dragon Ball

Consagrada saga criada por Akira Toriyama, *Dragon Ball* narra a trajetória de Son Goku, um lutador de artes marciais que estabelece como objetivo capturar as denominadas Esferas do Dragão, capazes de conjurar um dragão que realiza o desejo de quem as reúne. Durante sua missão, Goku alia-se a outros personagens e enfrenta uma infinidade de inimigos também interessados nas possibilidades que as Esferas oferecem ao portador. A franquia *Dragon Ball* teve início em 1984, com a publicação dos mangás, que somam um total de 42 volumes com mais de 240 milhões de cópias vendidas – o que a torna a terceira série de quadrinhos japoneses mais vendida de todos os tempos. A partir desses mangás, foram lançadas quatro séries de anime: *Dragon Ball, Dragon Ball Z, GT e Super*, a mais recente, bem como 19 filmes de animação. Além do sucesso nos formatos anime e mangá, a saga ainda conta com uma vasta gama de produtos que envolvem desde jogos de cartas até games, o que permitiu à franquia faturar mais de U$ 5 bilhões em produtos da marca e se estabelecer como uma das franquias de anime/mangá mais rentáveis da história.

Os cavaleiros do Zodíaco

A franquia *Os cavaleiros do Zodíaco*, concebida por Masami Kurumada, narra a saga de um grupo de guerreiros que tem como objetivo proteger a reencarnação da deusa Athena na Terra. Esses guerreiros são portadores de armaduras sagradas as quais utilizam como apoio nas batalhas contra outros deuses da mitologia grega e demais "panteões". O núcleo principal da saga é composto pelos Cavaleiros de Bronze, apresentando como protagonistas o jovem Seiya, conquistador do título de Cavaleiro de Pégaso, e os guerreiros Shiryu de Dragão, Shun de Andrômeda, Hyoga de Cisne e Ikki de Fênix. Em 1986, *Os cavaleiros do Zodíaco* teve tanto sua primeira edição de mangá publicada quanto seu episódio inicial de anime veiculado, alcançando sucesso dentro e fora do Japão. A despeito desse êxito, o anime foi cancelado em 1989, e a história não adaptada do mangá foi transformada em três séries OVAS durante o período de 2002 a 2008. Além de filmes, a consagrada franquia apresenta uma vasta gama de produtos relacionados, abrangendo desde *action figures* a CDS com a trilha sonora dos animes.

Naruto

Concebida por Masashi Kishimoto, a saga *Naruto* apresenta a história de Naruto Uzumaki, um jovem ninja que tem como objetivo tornar-se o Hokage, isto é, o ninja mais poderoso da vila onde vive. Nesse universo, os ninjas são dotados da capacidade de utilizar o chakra para criar os chamados jutsus, técnicas místicas de utilização em batalhas; o ninjutsu, para controlar os cinco elementos – terra, fogo, vento, água e eletricidade; genjutsu, para confundir os oponentes; há também o taijutsu, que direciona o chakra para habilidades de combates físicas similares a golpes de artes marciais. Os jutsus foram concebidos originalmente como um meio de pacificação da Terra pelos ninjas, mas, em razão do seu uso para fins maléficos por alguns desses próprios guerreiros, tornou-se necessária a criação de grupos de ninjas que pudessem reestabelecer a ordem e combater eventuais ameaças. A franquia *Naruto* teve sua primeira publicação em mangá lançada em 1997, e o primeiro episódio do anime foi ao ar no ano de 2002. Atualmente, a série se estabelece como um fenômeno mundial, apresentando 11 filmes, além de produtos relacionados, como games e cartas colecionáveis.

Shoujo

Tomado como a versão alternativa do shonen, o estilo shoujo é voltado ao público feminino jovem. Os enredos são bem variados e geralmente se passam em escolas. Paralelamente à história principal, ocorrem situações típicas das comédias românticas, em que protagonistas doces têm interesse amoroso em meninos bonitos, magricelas, de cabelos espetados e de boa índole. As tramas também envolvem temas como a adolescência e as inseguranças das mulheres. Obras como *Sakura Card Captors* e *Sailor Moon* são representantes desse estilo.

OBRAS DE DESTAQUE

Sakura Card Captors

Sakura Card Captors é uma obra de anime/mangá que apresenta como protagonista Sakura Kinomoto, uma garota de dez anos que descobre um livro secreto no porão de sua residência e liberta acidentalmente as 52 cartas clow, capazes de causar grandes problemas ao redor do mundo. Assim, Kerberos – ou Kero, como Sakura afetuosamente o chama – confere à protagonista a função de coletora de cartas, ordenando que ela saia em busca das cartas fujonas a fim de salvar a humanidade de um possível desastre – função de grande responsabilidade que a heroína exerce enquanto frequenta a escola. O mangá de *Sakura Card Captors* teve sua estreia em 1996 e somou um total de 12 edições. A adaptação para o formato de anime, por sua vez, deu-se no ano de 1998, o que resultou em 70 capítulos divididos em três temporadas. Além dessas versões, a obra ainda ganhou três OVAS e dois longas-metragens, sendo reconhecida como uma das mais importantes sagas do gênero shoujo.

Sailor Moon

A franquia *Sailor Moon*, criada por Naoko Takeuchi, narra as aventuras de um grupo de defensoras renascidas em garotas de idade escolar que devem proteger o mundo das forças malignas. As Sailor Senshi, como são chamadas, adquirem poderes mágicos quando se transformam em heroínas representantes da Lua e dos planetas do sistema solar, ao exemplo de Sailor Mercúrio, Sailor Marte, Sailor Júpiter e Sailor Vênus. Encabeçado pela jovem Usagi Tsukino – ou Princesa Serenity –, o grupo luta contra inimigos, bem como vez ou outra lida com os problemas próprios da juventude e do convívio escolar. Os mangás de *Sailor Moon*, lançados a partir de 1992 e divididos em três séries, somam um total de 40 volumes. Já o anime da franquia, também lançado a partir de 1992, conta com cinco sagas – *Sailor Moon*, *Sailor Moon R*, *Sailor Moon S*, *Sailor Moon SuperS* e *Sailor Moon Sailor Stars* – bem como um remake lançado em 2014 chamado *Sailor Moon Crystal*. Além desses trabalhos, a franquia divisora de águas do estilo shoujo ainda conta com três longas-metragens.

Vampire Knight

A trama de *Vampire Knight* desenrola-se no Colégio Cross, uma instituição que oferece dois períodos: o diurno para os alunos humanos e o noturno para os estudantes vampiros. Em razão da necessidade de esconder dos humanos a existência dos vampiros, monitores são designados pelo colégio para promover a fiscalização das classes noturnas e verificar o cumprimento de regras estritas, que envolvem principalmente a proibição da ingestão de sangue de pessoas na propriedade da escola. Os monitores que protagonizam a história são Yuuki Kurosu e Zero Kiryuu, ambos com perspectivas bastante distintas acerca das criaturas. Enquanto a primeira acredita que boa parte dos vampiros é capaz de conviver pacificamente em sociedade, Zero revela um posicionamento muito mais pessimista, reforçado pelo fato de que sua família foi morta pelas mãos de uma vampira. *Vampire Knight* teve sua primeira edição de mangá publicada em 2005, somando posteriormente um total de 19 volumes. A adaptação para o formato de anime, por sua vez, deu-se no ano de 2008, com 26 episódios.

Seinen

O gênero seinen, considerado a versão adulta do shonen, abrange os mangás e animes que possuem uma temática mais realista e sombria. Direcionada ao público masculino, mas não se limitando a ele, as obras do seinen caracterizam-se pela crueza de suas cenas de violência, o uso de palavras de baixo calão e o apelo sexual, assumindo um caráter semelhante ao dos quadrinhos americanos. Usualmente permeado por tramas de lutas e decididamente não recomendado aos mais jovens, o estilo seinen apresenta como principais expoentes *Death Note* e *Afro Samurai*.

OBRAS DE DESTAQUE

Death Note

Death Note narra a história de Light Yagami, um brilhante estudante colegial que encontra o chamado Death Note, um caderno com poderes sobrenaturais capaz de matar as pessoas cujo nome é escrito em suas páginas, caso o portador do objeto visualize em sua mente o rosto da vítima. Instigado pela possibilidade de combater os criminosos ao redor do mundo e livrar a humanidade do mal ao tornar-se seu "deus", o protagonista passa a provocar mortes por meio do Death Note, o que acaba chamando a atenção da imprensa mundial e a de um detetive que resolve investigar os estranhos acontecimentos. Escrita por Tsugumi Ohba e ilustrada por Takeshi Obata, a série de mangá *Death Note* foi publicada de 2003 até 2006, enquanto sua versão em anime ganhou as TVs no ano de 2006, apresentando um total de 37 episódios. A franquia conta ainda com quatro filmes live-action e jogos para o console Nintendo DS, produzidos pela Konami.

Afro Samurai

Criado por Takashi Okazaki, *Afro Samurai* apresenta como protagonista Afro, um samurai negro que vive em um Japão feudal pós-apocalíptico. Nessa sociedade, os samurais mais poderosos lutam pela conquista de sete bandanas, sendo a Número Um aquela que designa o homem mais forte do mundo. Afro tem a posse da bandana Número Dois e busca derrotar o pistoleiro Justice para obter a mais importante de todas como uma forma de vingança, uma vez que o rival assassinou seu pai quando o protagonista ainda era criança, com o intuito de obter o título. A versão em mangá da obra foi lançada em 1999, enquanto o anime foi para as telas em 2007 trazendo cinco episódios. Além desses dois formatos, *Afro Samurai* ainda ganhou seu próprio game, concebido pela Namco Bandai Games e lançado para PlayStation 3 e Xbox 360, bem como um longa-metragem chamado *Afro Samurai: Resurrection* (2009).

Hellsing

Na saga *Hellsing*, o mundo é assolado por uma ameaça oculta e mortal: os vampiros, e esconder da população essa realidade é a tarefa da Hellsing, uma organização secreta do governo britânico que combate os lendários inimigos da humanidade. O protagonista da trama é o poderoso vampiro Alucard, que, como o próprio mangá da série revela posteriormente, é o próprio conde Drácula (repare que o termo Alucard é um anagrama para o nome do personagem). Além desse sanguinário guerreiro que não poupa os inimigos de investidas brutais, a Hellsing é ainda composta por Seras, uma ex-policial vampira que tenta lidar com as próprias relutâncias acerca de sua nova condição, e Integra Hellsing, a líder da organização. Eles enfrentam a ameaça de um grupo que, durante muito tempo, tomou-se como extinto, mas que agora retorna para assombrar o mundo. Hellsing estreou como mangá em 1997, sendo transportado para o formato de anime em 2001, em uma série com o total de 13 episódios.

Josei

O gênero josei destina-se principalmente a mulheres com mais de 18 anos, apresentando em geral tramas amorosas de conteúdo mais complexo que o mero "garoto conhece garota". Aqui, os interesses amorosos não são os garotos desajeitados e tímidos em idade escolar, mas homens refinados que envolvem as moças em histórias, digamos, não recomendadas para menores de idade. Temas pertinentes ao universo feminino, como o trabalho e a violência doméstica, fazem-se presentes nesse gênero, que conta com obras famosas, como *Nana* e *Paradise Kiss*.

OBRAS DE DESTAQUE

Nana

A obra apresenta a história de duas meninas chamadas Nana que se encontram por acaso em um trem com destino a Tóquio e iniciam uma amizade que culmina com ambas morando juntas em um apartamento. Cada uma das personagens traz consigo uma carga de experiências que lhes permite ajudar

uma à outra, a exemplo de Hachi (apelido de uma das Nanas), que, por ter sempre dependido da mãe e tido pouca experiência na administração do próprio dinheiro, consente que a amiga assuma diante dela um caráter protetor, considerando especialmente sua maturidade como uma menina que enfrentou dificuldades após o abandono pela mãe e a criação pela avó. Apresentando como grande tema a independência e o valor da amizade, a série é pontuada por romances e cenas de humor geralmente protagonizadas por Hachi. O primeiro mangá de *Nana* foi publicado em 2000 e conta com o total de 21 edições. O anime, por sua vez, começou a ser transmitido em 2006 e apresenta 47 episódios. Nana também conta com dois filmes homônimos, lançados respectivamente em 2005 e 2006.

Natsuyuki Rendezvous

A trama de *Natsuyuki Rendezvous* traz como protagonista Ryosuke Hazuki, um jovem de 22 anos que se apaixona pela dona de uma floricultura, uma linda mulher mais velha chamada Rokka Shimao. Quando Rokka resolve abrir vagas para vendedores em seu estabelecimento, Ryosuke logo se candidata por ver no cargo a oportunidade perfeita de ficar ao lado de seu amor platônico. Empregado pela mulher que ama, Ryosuke se decepciona posteriormente ao descobrir a existência de outro homem na vida da dona da floricultura, o qual se revela mais tarde o fantasma do marido de Rokka. O espírito recusa a ideia de novos pretendentes para a esposa, o que oferece ao protagonista um obstáculo bastante incomum na conquista do amor da mulher. É, portanto, a dinâmica desse curioso triângulo amoroso que dá força a *Natsuyuki Rendezvous*, obra que conta com um mangá de quatro edições publicados de 2009 a 2012 e com uma versão em anime que possui um total de 11 episódios, lançados em 2012.

Honey & Clover

Honey & Clover traz como protagonistas três estudantes de uma escola de artes que vivem no mesmo apartamento. Shinobu Morita, Takumi Mayama e Yuuta Takemoto partilham histórias de romances e suas perspectivas com relação ao futuro profissional e ao amadurecimento, criando um forte vínculo de amizade. Além desses três personagens, integram o grupo a tímida estudante Hagumi e a mestre em esculturas de cerâmica Ayumi Yamada. Enquanto a primeira é alvo da atenção dos amigos Morita e Takemoto, a popular Ayumi sente um amor não correspondido por Mayama, que, por sua vez, é apaixonado pela empresária Rika Harada. Repleta de triângulos amorosos, a história de Honey & Clover acompanha os jovens ao longo de cinco anos, abrangendo a formação na faculdade e a obtenção de autoconhecimento. A obra teve 10 edições de mangá publicadas de 2000 a 2006, bem como duas temporadas de anime exibidas nos anos de 2005 e 2006, que somam um total de 38 episódios.

Harém

Você já deve ter ouvido falar daqueles mangás/animes em que o protagonista se vê cercado por uma porção de personagens do sexo oposto. Essas obras encaixam-se na categoria harém, que em sua maioria abrange comédias românticas em que um jovem é disputado por garotas sem que ele demonstre qualquer preferência por alguma delas. Dos exemplos mais famosos desse gênero estão *Love Hina* e *Tenchi Muyo!*, cujas tramas se desenvolvem a partir das interações entre o personagem principal e seu círculo de interesses românticos.

OBRAS DE DESTAQUE

Love Hina

Love Hina apresenta as aventuras e desventuras de Keitarô Urashima, um jovem de 20 anos de idade que tenta a todo custo entrar na Universidade de Tóquio apesar de suas seguidas reprovações. A persistência do rapaz em passar no vestibular advém de uma promessa feita a uma menina há 15 anos, da qual Keitarô não se lembra sequer do nome. Expulso de casa pelos pais em razão de seus fracassos, o protagonista busca refúgio na casa da avó, que se transformou em uma acomodação para mulheres. Assim, Keitarô torna-se o gerente do local, sendo constantemente rodeado pelas garotas e espancado quando as surpreende – acidentalmente! – nuas. *Love Hina* teve a sua primeira edição, de um total de 28 mangás, publicada em 1998, enquanto o primeiro episódio do anime foi ao ar em 2000. A animação conta com 25 capítulos, dos quais o último dá o pontapé para uma nova fase da trama. No entanto, por falta de orçamento, não foram produzidos novos episódios.

Tenchi Muyo!

O mangá/anime *Tenchi Muyo!* é protagonizado por Tenchi Masaki, um jovem que vive com o pai e viaja durante os verões até o local onde mora seu avô para ajudá-lo com as atividades de um templo. Em um determinado dia, Tenchi depara-se com duas naves caídas, as quais revelam Ryoko, uma pirata espacial, e Mihoshi, a policial à sua caça. Em lugar de dar prosseguimento à fuga ou à perseguição, ambas acabam por se alojar na casa do jovem, que passa a receber a visita de outras garotas alienígenas – entre elas, Ayeka, princesa do planeta Jurai e inimiga de Ryoko. Assim, o anime concentra-se na dinâmica entre a trupe de mulheres e Tenchi, que a todo tempo se mete em confusões em razão da disputa das garotas por sua atenção. A série original de *Tenchi Muyo!* foi lançada no formato OVA em 1991, apresentando mais tarde as séries de TV *Tenchi Universe*, *Tenchi in Tokyo* e *Tenchi Muyo GXP*. Os mangás da saga, por sua vez, consistem nas obras *No Need for Tenchi!* e *The All-New Tenchi Muyo!*, lançadas respectivamente em 1994 e 2000.

Negima!

Negima! traz como protagonista Negi Springfield, um mago de dez anos de idade que recebe a tarefa de lecionar inglês em um colégio para meninas no Japão a fim de conquistar o tão sonhado título de Magister Magi. Na Academia Mahora, Negi torna-se colega de quarto de uma de suas alunas, Asuna Kagurazaka, que o despreza a princípio para mais tarde tornar-se sua auxiliar no treinamento como mago. Além de Asuna, o protagonista leciona para uma vasta gama de estudantes, com as mais diversas personalidades e habilidades, desde uma vampira até uma marciana – garotas com dificuldade para tratá-lo com respeito devido a sua idade. Rodeado por meninas, mas sem qualquer interesse amoroso, Negi conta com a ajuda delas para enfrentar as ameaças mágicas internas e externas ao colégio. O primeiro volume do mangá, de um total de 38, foi lançado em 2003, e o anime chegou às TVs dois anos mais tarde, apresentando 26 episódios.

Curiosidades

De onde veio o nome Pokémon?

O termo Pokémon origina-se das palavras *pocket monsters*, ou "monstros de bolso". E, já que estamos falando dessa palavra, vale lembrar que a escrita de Pokémon ou do nome das criaturas é a mesma tanto no singular quanto no plural. Então, significa que se deve dizer, por exemplo: "Ele é um Pokémon" e "Eles são Pokémon", ou ainda "um Charmander" ou "vários Charmander".

Os Digimon e seus apelidos

Assim como em Pokémon, você não precisa chamar um Digimon pelo nome; os apelidos estão aí para isso. As criaturas Metal-Garurumon e WarGreymon, por exemplo, são carinhosamente denominadas Melga e Warg. Economia de saliva, não?

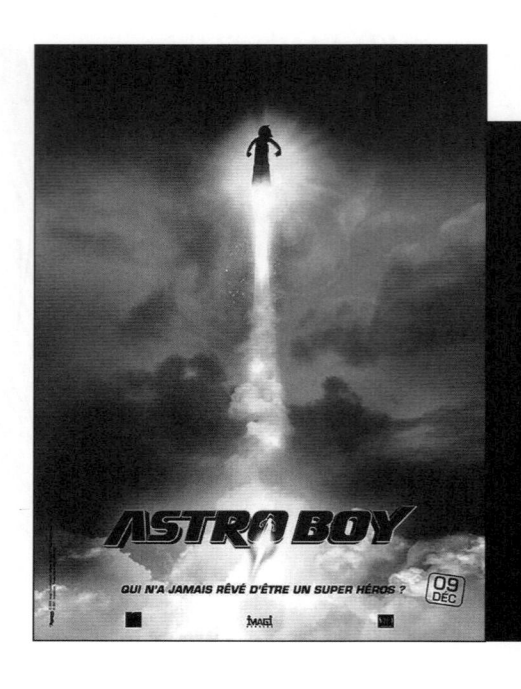

Astro Boy entre estrelas

Astro Boy foi incluso em 2004 no Hall da Fama dos robôs, integrando um panteão que conta com celebridades mecânicas como C-3PO e R2-D2, da saga *Star Wars*.

Inspiração lendária

A história de *Dragon Ball* inspira-se na Jornada do Oeste, uma lenda chinesa que narra a trajetória do monge Tang Xuanzang na busca pelos escritos sagrados da religião budista. Nessa missão, o monge é tutelado por Sun Wukong, o poderoso Rei Macaco.

Só mais um pouquinho

A previsão de conclusão do famoso mangá *One Piece* era de cinco anos. Porém, 18 anos mais tarde, o mangaká Eiichiro Oda não parece muito a fim de interromper a saga.

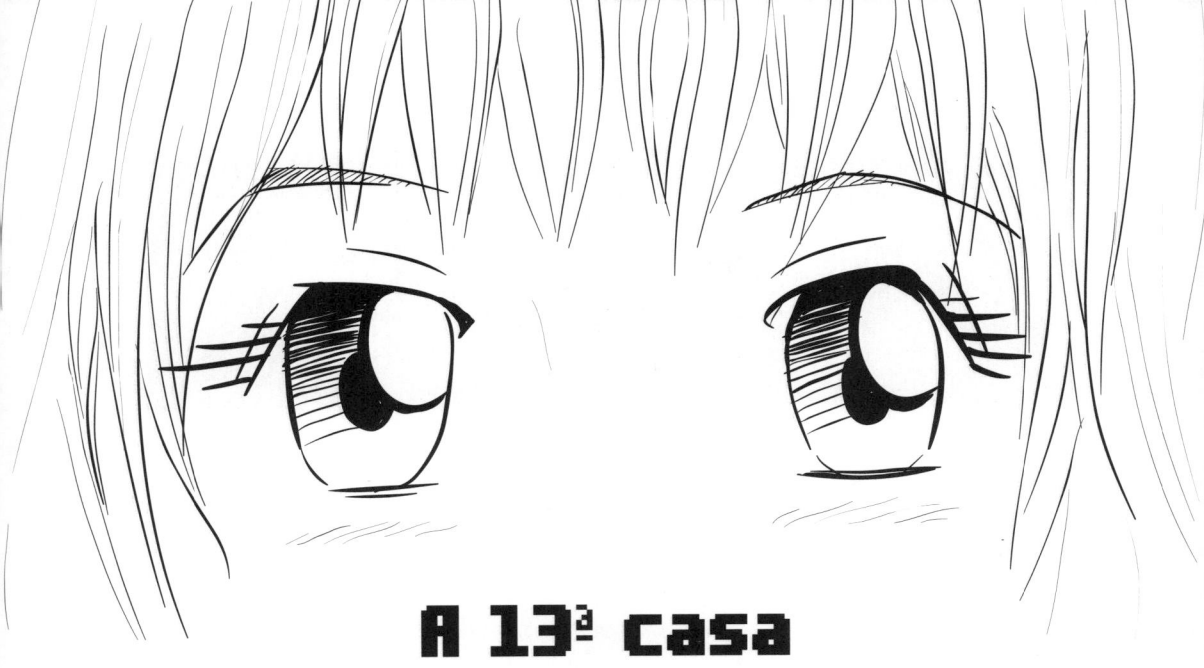

A 13ª casa

Em *Os cavaleiros do Zodíaco*, são exibidas 12 casas zodiacais nas quais os Cavaleiros de Bronze devem enfrentar os de Ouro. Porém, em uma época anterior, havia uma décima terceira casa: a de Serpentário. Reza a lenda que a casa pertencia a Odisseu de Ofiúco, um cavaleiro cujo poder demasiadamente superior o instigou a desejar o lugar da deusa Atena. A afronta culminou na reunião dos demais Cavaleiros de Ouro para destruí-lo e acabar com a décima terceira casa.

Sem Sasuke?!

Quando o autor de *Naruto*, Masashi Kishimoto, estava escrevendo o mangá original da franquia, sequer pensou em incluir o personagem Sasuke. Foi seu editor quem o convenceu a dar ao protagonista o icônico adversário.

Passou, pegou

Quando um japonês quer se desfazer de um mangá que já leu, costuma deixá-lo em algum lugar público, como um banco ou mesa, para que outra pessoa o encontre.

Riqueza de influências

O mangaká Takashi Okazaki é um grande admirador de hip-hop, *soul music* e cinema *blaxploitation*, estilo cinematográfico caracterizado por apresentar negros como personagens principais. O seu apreço pela cultura negra se reflete claramente em *Afro Samurai*, no qual o protagonista é dublado pelo astro Samuel L. Jackson.

Também quero!

A criadora da franquia *Sailor Moon*, Naoko Takeuchi, teve a ideia de criar as heroínas após acompanhar o sucesso dos *Power Rangers*. A intenção da mangaká era dar ao público feminino uma equipe de guerreiras.

Pioneiros em solo nacional

Lobo solitário foi o primeiro mangá a ser lançado no Brasil, em 1988, enquanto *Patrulha estelar* foi o primeiro anime, exibido no ano de 1981.

Como é que se lê um mangá?

Para fazer a leitura de um mangá japonês, você deve começar... pelo fim – pelo menos nos padrões ocidentais. Isso porque a capa do mangá corresponde ao que entendemos por contracapa do exemplar, o que significa que você deve ler "do final para o começo", com a orientação da página da direita para a esquerda.

Japa o quê?

Antes de serem conhecidas como animes, as animações japonesas eram chamadas de japanimation. O termo caiu em desuso a partir dos anos 1980.

Cinema

Imagem em movimento. Sétima arte. Fábrica de sonhos. Muitos são os nomes atribuídos ao cinema, mas pouco pensamos acerca de seus significados. Chamá-lo de imagem em movimento é remeter à tecnologia de fixação e reprodução de imagens que, ao causar diante de nossos olhos a impressão de movimento, deu origem à arte do filme. Chamá-lo de sétima arte é elevá-lo ao patamar das seis artes que o antecedem: música, artes cênicas, pintura, escultura, arquitetura e literatura.

Chamá-lo, por fim, de fábrica de sonhos é acenar para todos os mundos para os quais um filme pode nos levar – em especial, àqueles tão distantes de nossa realidade, como os de ficção científica, fantasia e horror. São esses os gêneros que melhor representam as possibilidades tecnológicas, artísticas e lúdicas do cinema, o que torna fundamental sua referência para percorrer a trajetória dessa arte ao longo dos séculos XX e XXI e observar sua importância na evolução e consolidação da indústria cinematográfica.

Que a Força esteja conosco na jornada pela história geek do cinema.

linha do tempo

A primeira exibição cinematográfica em público é realizada pelos irmãos Lumière.

1895

Cena de *Viagem à Lua*.

1896

Lançamento de *A mansão do diabo*, de Georges Méliès. A obra é considerada como o primeiro filme de horror da história do cinema.

1902

Viagem à lua, de Georges Méliès, é lançado. A obra é considerada o primeiro filme de ficção científica da história do cinema.

1927

Metrópolis, filme do cineasta Fritz Lang, é lançado. A obra, em que se exibe o primeiro robô da história do cinema, apresenta uma visão distópica do futuro.

1936

A Universal Pictures produz a primeira aventura cinematográfica de *Flash Gordon*, herói clássico do gênero de ficção científica.

1941

O Superman, herói da DC Comics, ganha seu primeiro curta-metragem.

Columbia Pictures lança uma série cinematográfica estrelada por *Batman*, primeiro herói da DC Comics a protagonizar um seriado.

1943

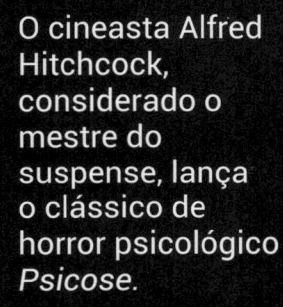

1954

O estúdio japonês Toho lança *Godzilla*, o primeiro de uma série de filmes baseados no monstro ícone da Era Nuclear.

1960

O cineasta Alfred Hitchcock, considerado o mestre do suspense, lança o clássico de horror psicológico *Psicose*.

1968

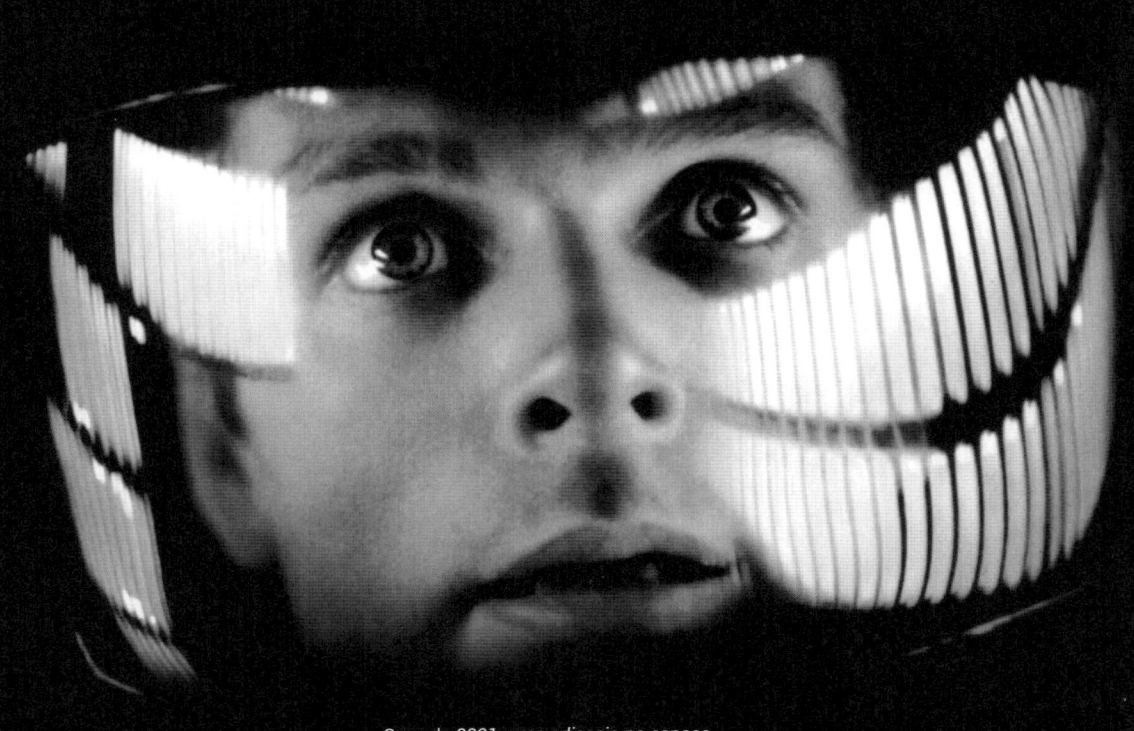

Cena de *2001: uma odisseia no espaço*.

Estreia do épico *2001: Uma odisseia no espaço* e de *Planeta dos macacos*, obras clássicas do gênero ficção científica.

1975

A era dos blockbusters modernos é iniciada pelo fenômeno de bilheteria *Tubarão*, de Steven Spielberg.

A homérica saga sci-fi *Star Wars* tem início com o lançamento de *Uma nova esperança*. A trilogia clássica é completada por *O império contra ataca* (1980) e *O retorno de Jedi* (1983).

Estreia de *Alien, o 8º passageiro* e do primeiro longa-metragem da clássica série sci-fi *Jornada nas estrelas*.

1981

Indiana Jones e os caçadores da arca perdida chega aos cinemas e inaugura a consagrada franquia de aventura.

O blockbuster de ficção científica *E.T. – O extraterrestre*, de Steven Spielberg, é lançado.

1982

1985

O primeiro filme da franquia sci-fi *De volta para o futuro* chega aos cinemas.

1989

A Warner Bros. lança o primeiro título da franquia Batman, trazendo Michael Keaton no papel do herói da DC Comics.

1995

Lançamento de *Toy story*, o primeiro longa-metragem de animação totalmente computadorizada.

Cena icônica de *E.T. – O extraterrestre*.

 **1999**

Estreia de *Matrix*, marco dos títulos modernos de ficção científica. Ainda nesse ano, o cineasta George Lucas lança *A ameaça fantasma*, o primeiro título da nova trilogia de *Star Wars*. A trinca é completada por *Ataque dos clones* (2002) e *A vingança dos Sith* (2005).

2000

Ano de estreia de *X-Men – O filme*, obra sci-fi de fantasia baseada nos heróis mutantes da Marvel.

2001

Harry Potter e a pedra filosofal e *Senhor dos anéis: a sociedade do anel* estreiam nos cinemas, dando início a duas das mais bem-sucedidas franquias de fantasia da história do cinema.

2003

Lançamento de *Piratas do Caribe: a maldição do Pérola Negra*, o primeiro título da franquia de aventura em alto-mar da Disney.

2008

Homem de Ferro estreia nos cinemas. No mesmo período, é lançado *Batman: o cavaleiro das trevas*.

2009

Estreia de *Avatar*, o primeiro filme em 3D a vencer o Oscar de Melhor Fotografia.

2011

Lançamento de *Thor* e *Capitão América: o primeiro vingador*.

2012

O primeiro título da franquia sci-fi *Jogos Vorazes* chega aos cinemas. Ainda nesse ano, é lançado o filme inicial da prolífica franquia *Os vingadores*, bem como *O Hobbit: uma jornada inesperada*.

2015

Lançamento de *Star Wars: o despertar da Força*, o primeiro título da mais nova trilogia da épica saga espacial.

1902 a 1919

Viagem à Lua e as origens do gênero sci-fi e fantasia

Os anos iniciais do cinema foram marcados por dois tipos de produção cinematográfica: os filmes de linguagem documental e os ficcionais. Os primeiros consistiam no registro de cenas comuns do dia a dia, como a chegada de um trem a uma estação e a saída de trabalhadores de uma fábrica. A intenção desses cinegrafistas da pré-história do cinema era não só eternizar o cotidiano, mas explorar por meio da câmera as possibilidades que as demais artes não ofereciam, como a captação do movimento. Essas possibilidades tecnológicas da câmera também permitiram que o cinema se tornasse um meio de entretenimento, o que deu origem aos filmes ficcionais.

Entre os pioneiros na exploração lúdica da mídia cinematográfica está o francês Georges Méliès. Dotando os seus filmes dos truques aprendidos como ilusionista, Méliès foi o responsável por muitas das obras iniciais de ficção fantástica da história do cinema, em especial aquela que se considera a primeira desse gênero: *Viagem à Lua*. Com duração de 16 minutos, o pequeno filme é uma adaptação de dois romances: *Da Terra à Lua*, do escritor francês Júlio Verne, e *Os primeiros homens na Lua*, de H. G. Wells. A obra narra a viagem de um grupo de astrônomos à Lua e o encontro dos terráqueos com os ameaçadores alienígenas que moram na superfície lunar. Embora bastante simples para os padrões atuais, a obra foi arrojada para seu tempo pelo uso inédito dos efeitos visuais, em especial na famosa cena em que a nave dos humanos pousa no olho da Lua.

Por *Viagem à Lua* e suas demais obras, Méliès consagrou-se na história do cinema por ter sido, provavelmente, o primeiro cineasta a conceber os filmes como meios de entretenimento repletos de possibilidades técnicas e artísticas, tal como os vemos atualmente.

👆 Na pré-história do cinema

Conheça algumas das obras essenciais dos primórdios da sétima arte.

A MANSÃO DO DIABO (1896), GEORGES MÉLIÈS

Nesta obra de horror, o satânico protagonista Mefistófeles utiliza seus poderes sobrenaturais para assombrar dois cavaleiros em um castelo.

FANTASMAGORIE (1908), ÉMILE COHL

O desenho animado experimental traz como protagonista um pequeno palhaço que interage com objetos como uma flor e uma garrafa de vinho.

L'INFERNO (1911), GIUSEPPE DE LIGUORO

O filme, inspirado na obra *A divina comédia*, de Dante Alighieri, retrata a trajetória dos protagonistas Dante e Virgílio no Inferno, Purgatório e Paraíso.

O MÉDICO E O MONSTRO (1913), HERBERT BRENON

Inspirado no livro homônimo de Robert Louis Stevenson, *O médico e o monstro* apresenta como personagem principal Henry Jekyll, um médico com um assustador *alter ego*.

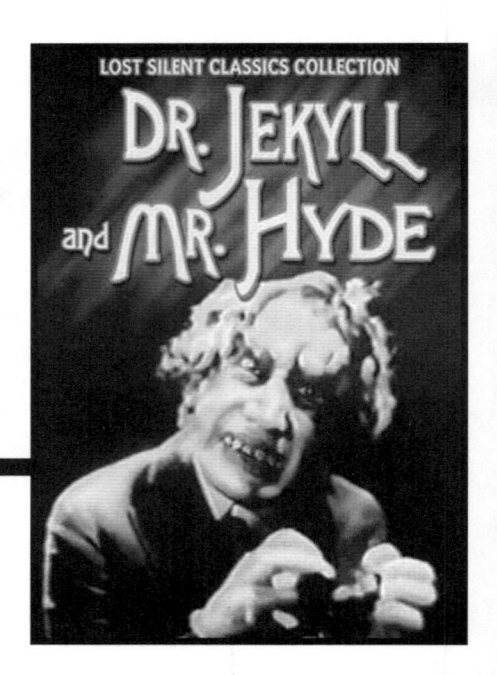

O primeiro remake da história do cinema

Cansado de remakes? Saiba que eles são feitos desde... sempre. Está aí *O grande roubo do trem,* que não nos deixa mentir. O original foi lançado em 1903 e viu sua versão em remake chegar aos cinemas já no ano seguinte, em 1904. Ninguém mais pode reclamar de *Homem-Aranha* depois dessa, certo?

E o maior set de filmagens?

O que um diretor bom quer, ele consegue, especialmente se for o mestre do suspense Alfred Hitchcock. Para seu filme *Janela indiscreta* (de 1954), foi construído um bairro inteiro como set de gravações.

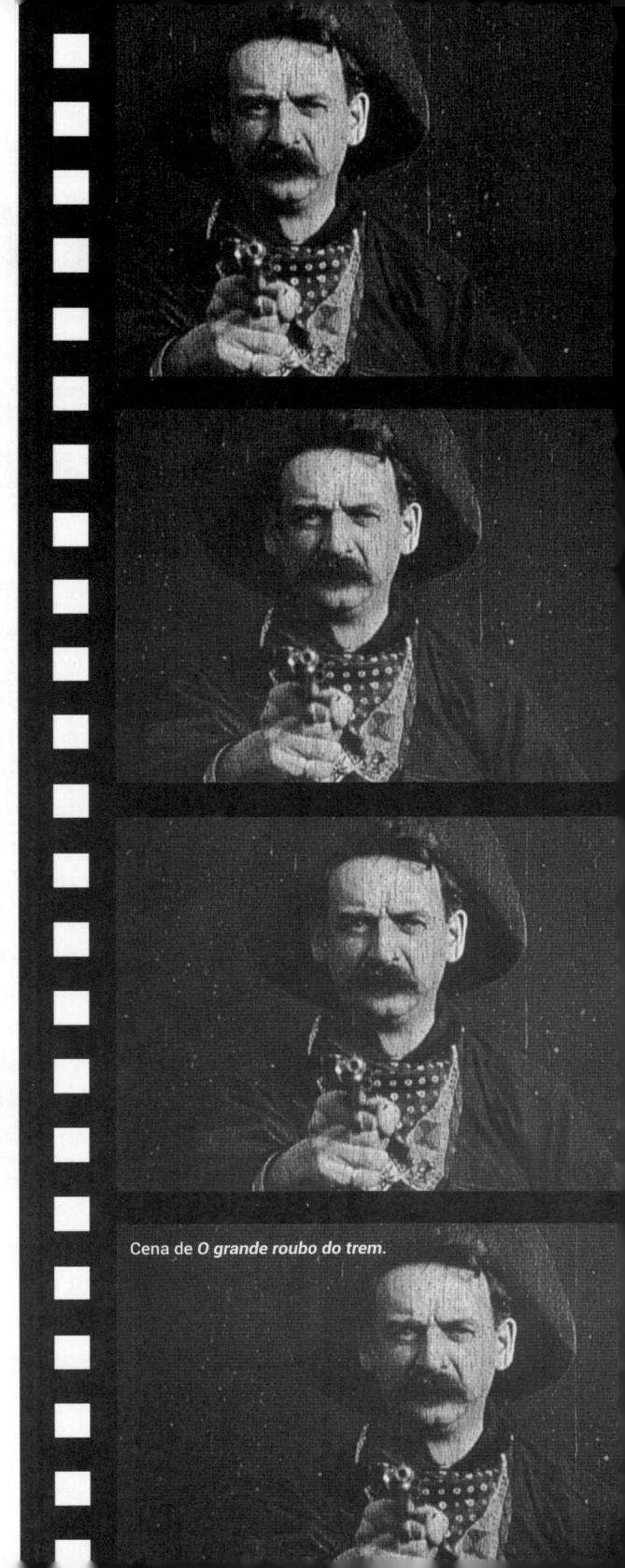

Cena de *O grande roubo do trem.*

1920 a 1935

Frankenstein e a era do horror

O cinema alemão do início dos anos 1920 atribuiu como nenhum outro uma característica fundamental à arte cinematográfica: a capacidade de tornar realidade os nossos piores pesadelos. Filmes como *O gabinete do doutor Caligari* e *Nosferatu: uma sinfonia de horror* aterrorizaram plateias não só por seus protagonistas sombrios, mas por seus cenários distorcidos e uma atmosfera aflitiva que refletia a angústia de um povo ainda marcado pelas consequências catastróficas da Primeira Guerra Mundial. Tal carga estética e narrativa do que se denominou cinema expressionista alemão refletiu-se em Hollywood, em especial por meio do estúdio Universal, que viria a lançar uma série de clássicos do gênero horror em que se destaca a obra-prima *Frankenstein*. O filme, lançado em 1931 e inspirado no livro homônimo de Mary Shelley, narra a história de Henry Frankenstein, um cientista que dá vida a uma criatura a partir dos pedaços de vários cadáveres e enfrenta as consequências de seu audacioso ato quando sua criação foge do seu controle. O maior mérito da obra não reside apenas na inspiração do expressionismo alemão em termos de fotografia e atuação, mas também na abordagem implícita ao terror, apelando menos ao olhar do que à imaginação dos espectadores. *Frankenstein* se estabelece como influência fundamental à linguagem do horror cinematográfico, que mais tarde redescobriria sua abordagem psicológica no aterrorizante *O exorcista*, de 1973.

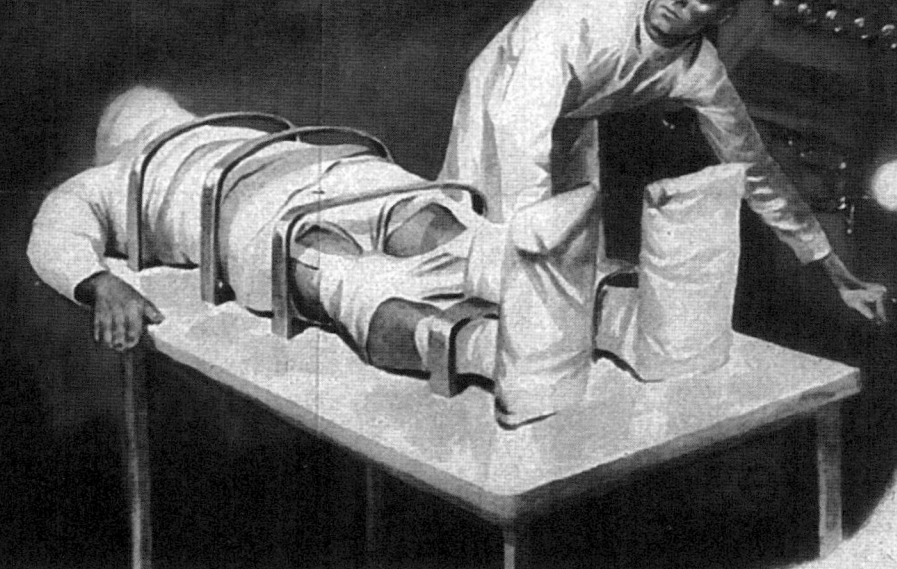

Frankenstein

COLIN CLIVE
MAE CLARKE
JOHN BOLES

JAMES WHALE

Universal
International

O horror,

Saiba mais sobre os filmes icônicos de horror dos anos 1920 e 1930

O GABINETE DO DOUTOR CALIGARI (1920), ROBERT WIENE

Nesta obra do cinema expressionista alemão, o sonâmbulo Cesare perambula em um pequeno vilarejo cumprindo as previsões mortais de seu mestre, o Dr. Caligari.

NOSFERATU: UMA SINFONIA DE HORROR (1922), F. W. MURNAU

Adaptação do romance *Drácula*, de Bram Stoker, *Nosferatu* traz como protagonista o Conde Orlok, um vampiro que propaga o terror na cidade de Wishorg.

O primeiro falado

O Cantor de Jazz, de 1927, foi o primeiro filme da história do cinema a reproduzir o som dos diálogos. Uma vez que os produtores do filme estavam receosos quanto à possibilidade de as plateias se entediarem com muito blá-blá-blá, apenas um total aproximado de 20 minutos consiste em cenas faladas. Aproveitando o gancho dessa informação, você sabia que é um equívoco chamar um filme antigo de "mudo"? Em primeiro lugar, os personagens desses filmes falam – é apenas o público que não escuta. Em segundo, desde o final do século XIX as exibições cinematográficas contavam com a presença de músicos contratados para tocar durante as sessões.

o horror!

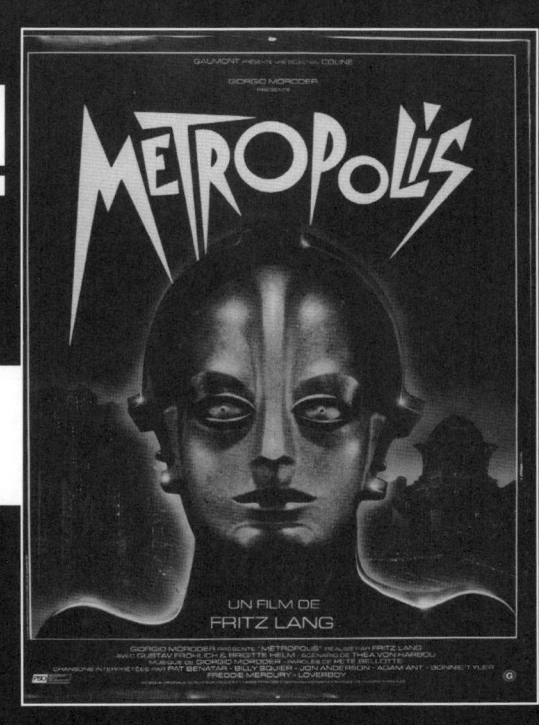

METRÓPOLIS (1927),
FRITZ LANG

Nesse filme futurista, uma profetisa da classe dos trabalhadores apaixona-se pelo filho do mestre da cidade de Metrópolis.

DRÁCULA (1931),
TOD BROWNING

Na obra lançada pelo estúdio Universal, Dr. Van Helsing é convocado para enfrentar o temível Conde Drácula, que chega a Londres no intuito de aterrorizar a cidade.

1936 a 1949
De *Flash Gordon* aos filmes B

Assim como as condições políticas e econômicas da Alemanha do pós-guerra influenciaram o cinema do país por meio do movimento expressionista, as condições vivenciadas pela Crise de 1929 nos Estados Unidos interviram na produção cinematográfica hollywoodiana sob dois aspectos primordiais: a exploração de heróis que pudessem resgatar a moral americana e a produção de filmes B. É no primeiro contexto que se origina a série de cinema *Flash Gordon*. Criado em 1934 como uma história em quadrinhos por Alex Raymond, *Flash Gordon* foi transportado para os cinemas em 1936 pela Universal Pictures, em um seriado de ficção científica e aventura em que o herói parte em um foguete rumo à estratosfera para salvar a Terra dos planos malignos do Imperador Ming, o ditador do planeta Mongo. Flash Gordon é um personagem forte e destemido que surge em um tempo de incertezas nos Estados Unidos, que também veria nos anos seguintes a criação de outros heróis "guardiões" da sociedade americana, como o Superman e o Capitão América.

A Crise de 1929 forçou a reorganização das maiores companhias de Hollywood no intuito de se fortalecerem comercialmente e ditarem as regras do mercado cinematográfico, o que viria a enfraquecer os estúdios independentes e a obrigá-los a buscar saídas para fugirem da falência. Uma das soluções encontradas estava na exibição de sessões duplas pelo preço de um só ingresso. A estratégia tornou-se de tal modo popular que forçou os maiores estúdios a também adotarem a prática, que consistia na exibição de um filme de alto custo – ou o "filme A" – e um de menor orçamento para suprir a demanda: os chamados "filmes B". Embora não buscassem a alta qualidade técnica, os filmes B, especialmente do gênero de horror, vez ou outra destacavam-se como sucesso de público, elevando-se ao patamar dos demais lançamentos. Entre os títulos icônicos dessa época, distinguem-se *Sangue de pantera* (1942) e *A morta-viva* (1943).

Entre heróis e o horror

Saiba mais sobre os destaques de ficção científica e títulos de horror independentes que marcaram o período

SUPERMAN (1941), DAVE FLEISCHER

Neste seriado animado, que inaugura o Superman nas telonas, o herói enfrenta um cientista louco que deseja destruir Metrópolis com um canhão de energia.

SANGUE DE PANTERA (1942), JACQUES TOURNEUR

O filme traz como protagonista Irena Dubrovna, uma mulher que acredita descender de uma raça de mulheres-panteras capazes de se transformar em criaturas mortíferas quando beijam ou sentem ciúmes.

Batman and Robin plan trouble for Dr. Daka.

BATMAN (1943), LAMBERT HILLYER

Primeira aparição do Homem-Morcego nos cinemas, o seriado traz o herói como um agente americano encarregado de enfrentar o cientista japonês Dr. Daka, que deseja transformar as pessoas em zumbis.

A MORTA-VIVA (1943), JACQUES TOURNEUR

A obra apresenta Betsey Connell, uma enfermeira contratada para cuidar de uma mulher a quem se atribui um suposto transtorno mental, que mais tarde revela-se ligado às forças ocultas da região.

Você sabia?

Sabe aquele letreiro branco de Hollywood que se tornou símbolo da cidade de Los Angeles? Originalmente, ele trazia a inscrição "Hollywoodland" e foi criado para servir de propaganda para um empreendimento imobiliário que não foi para a frente. Como a cidade se apegou ao icônico letreiro, em 1949 a Câmara de Comércio de Hollywood obteve autorização para retirar o "land" e oficializar a adoção do agora ponto turístico.

1950 a 1967
A *Guerra dos mundos* e a influência da era nuclear no sci-fi

A humanidade pós-Segunda Guerra Mundial vivenciou nos anos 1950 uma nova e ainda mais abrangente ameaça de extinção: o apocalipse nuclear. O medo do fim do mundo provinha da Guerra Fria, a disputa ideológica indireta entre os Estados Unidos, capitalistas, e a União Soviética, comunista, conflito que se distinguia pela corrida armamentista estabelecida entre ambas as potências. A paranoia de que, a qualquer momento, as nações pudessem se atacar por meio de bombas nucleares unia-se também às especulações acerca da vida extraterrestre alimentadas pela corrida espacial, o que fervilhava no imaginário dos povos e, consequentemente, se refletia na produção cinematográfica – em especial, no gênero ficção científica, como mostrou o icônico *A guerra dos mundos*.

Lançado em 1953, *A guerra dos mundos* inicia-se com a queda de um suposto meteoro em uma pequena cidade californiana que desperta a atenção do cientista Clayton Forrester e da professora Sylvia van Buren. À espera do esfriamento do material para que seja possível investigar o ocorrido, os protagonistas e demais habitantes da cidade são surpreendidos quando uma sonda surge da área de impacto e ataca os guardas em suas proximidades, sinalizando o início de uma guerra entre os humanos e os invasores alienígenas. A obra obteve instantâneo sucesso de público e crítica, angariando não só Oscar de Melhores Efeitos Especiais, mas também um lugar no panteão dos maiores e mais influentes filmes sci-fi de todos os tempos. Trata-se de uma obra que expressa o espírito conturbado de seu tempo, assim como *O dia em que a Terra parou* (1951) e *Godzilla* (1954), ao expor os medos da sociedade na figura de aliens e monstros.

H·G·WELLS'
THE War OF THE Worlds

COLOR BY TECHNICOLOR

PRODUCED BY • DIRECTED BY • SCREEN PLAY BY
GEORGE PAL · BYRON HASKIN · BARRE LYNDON · A PARAMOUNT PICTURE

Os inimigos do fim do mundo

Confira alguns títulos sci-fi que refletem a paranoia causada pela Guerra Fria.

O DIA EM QUE A TERRA PAROU (1951), ROBERT WISE

O filme traz como protagonista Klaatu, um alienígena de aparência humana que chega à Terra para alertar os líderes das nações acerca dos perigos proporcionados pelas guerras e armas nucleares.

GODZILLA (1954), ISHIRÔ HONDA

A obra japonesa narra o surgimento de Godzilla, um monstro reptiliano originado por meio de testes nucleares que ameaça destruir a cidade de Tóquio.

VAMPIROS DE ALMAS (1956), DON SIEGEL

Ao voltar à sua cidade natal, o protagonista Miles Bennell percebe que alguns de seus habitantes estão agindo de maneira estranha. Ao investigar os casos, Bennell descobre a terrível verdade: os alienígenas estão usurpando seus corpos.

O PLANETA PROIBIDO (1956), FRED M. WILCOX

O título narra a jornada de uma nave espacial a uma colônia de cientistas em que se encontram apenas dois sobreviventes de uma oculta ameaça que ronda o planeta.

Não caiu legal...

Você se lembra da cena em que a personagem Regan MacNeil vomita em *O Exorcista* (1973)? Gostaria de não lembrar? Bem, de toda forma, aquela substância verde que se vê na tela foi feita de sopa de ervilha com mingau de aveia.

Chuua de leite, sangue de chocolate

O cinema sempre recorre a truques para tornar a experiência visual mais realista. A ironia é que esses truques às vezes nada têm de semelhança com o real. Calma, explicamos: sabe aquela cena de *Cantando na chuva* em que Gene Kelly faz o que diz o título do filme? A chuva em questão contém... leite. Se houvesse apenas água, não seria possível enxergá-la muito bem no filme, de modo que se recorreu à bebida para que a chuva se tornasse mais visível. Em *Psicose*, por sua vez, o sangue que se vê enquanto a protagonista é esfaqueada no banheiro foi feito de chocolate porque essa foi a única substância líquida a se assemelhar com sangue na paleta preta e branca do filme.

1968 a 1979

Do terror inominável de *O exorcista* ao fenômeno *Star Wars*

O s anos 1970 deram início a um dos mais importantes fenômenos da história do cinema: os blockbusters. O termo, usado para designar um lançamento cinematográfico que seja sucesso de público e gere uma quantia astronômica de lucros, começou a ser utilizado a partir de *Tubarão*, de Steven Spielberg, que em 1975 atraiu multidões aos cinemas no verão estadunidense para assistir aos ataques da fera na turística cidade de Amity Island.

Se *Tubarão* foi o precursor dos arrasa-quarteirões, como também são chamados os blockbusters, *Star Wars: uma nova esperança* certamente foi sua maior referência. O lançamento da saga de George Lucas foi um evento cinematográfico sem precedentes. Com uma grande campanha de

Um presente macabro, um futuro ameaçador

Confira os títulos de ficção científica e horror que marcaram o período.

2001: UMA ODISSEIA NO ESPAÇO (1968), STANLEY KUBRICK
Após encontrar um objeto misterioso na Lua, uma equipe de astronautas viaja para desvendar o enigma com o auxílio da inteligência artificial H.A.L. 9000.

PLANETA DOS MACACOS (1968), FRANKLIN J. SCHAFFNER
Uma equipe de astronautas hiberna por séculos em uma nave espacial e acorda em um planeta dominado por macacos que subjugam os humanos.

A PROFECIA (1976), RICHARD DONNER
Após a morte do filho recém-nascido, um diplomata adota uma criança para que a mãe não descubra o ocorrido. Ao longo dos anos, porém, eventos estranhos ligados à criança mostram que sua origem é perigosamente obscura.

marketing aliada a efeitos visuais estonteantes e uma irresistível jornada do herói, *Star Wars* foi de tal forma transformador que sua influência ultrapassou o universo da ficção científica para habitar nosso próprio imaginário enquanto sociedade, o que explica por que tantas pessoas conhecem elementos da saga sem nunca ter assistido a um dos filmes. *Star Wars* exibe um encanto irresistível ao acenar para seus ancestrais, como *Flash Gordon* (1936), e olhar para o futuro com a estética visionária de seu precursor *2001: uma odisseia no espaço* (1968), estabelecendo-se até a atualidade como uma das franquias mais lucrativas da indústria cinematográfica.

Dois pontos que também se destacam no período referem-se à ascensão do cinema desastre, subgênero calcado na utilização de desastres naturais ou provocados pelo homem como tema central do roteiro e representado por títulos como *Aeroporto* (1970) e *O destino de Poseidon* (1972), e à retomada do horror psicológico encabeçada por *O exorcista* (1974), obra dirigida por William Friedkin, que aterrorizou o público com as cenas inquietantes de possessão protagonizadas pela jovem atriz Linda Blair e influenciou as posteriores gerações de filmes do gênero, como *Poltergeist – o fenômeno* (1982) e *O chamado* (2002).

ALIEN, O 8º PASSAGEIRO (1979), RIDLEY SCOTT

Nessa claustrofóbica obra de ficção científica e horror, um integrante da tripulação de uma nave espacial torna-se o hospedeiro de um alienígena, que tenta exterminar a qualquer custo os demais tripulantes.

1980 a 1989

De Volta para o futuro e Tron: as grandes franquias de ficção e a evolução da computação gráfica

tar Wars abriu as portas para o investimento em filmes de alto orçamento e grandes campanhas de marketing que pudessem atrair multidões aos cinemas, em especial uma parcela populacional que se tornava altamente atraente: os adolescentes. Os grandes títulos dos anos 1980 apelam para uma faixa etária sedenta por protagonistas com os quais possa se identificar, apresentando histórias que permitam aos jovens vivenciar aventuras fora do comum. É nesse contexto que surge a saga de ficção científica *De volta para o futuro* (1985), de Robert Zemeckis. O primeiro filme da trilogia nos apresenta Marty McFly, um colegial que volta acidentalmente para o ano de 1955 em uma máquina do tempo criada pelo Dr. Emmett Brown. Uma vez que os eventos que decorrem de sua viagem ao passado impedem que seus pais se relacionem, o que ameaça a própria existência do personagem, Marty busca a ajuda do então jovem Dr. Brown para consertar a linha de acontecimentos e voltar ao seu futuro. A saga não só representou um grande sucesso de bilheteria como também exerceu declarada influência entre os jovens à prática do skate – modo favorito de locomoção do protagonista –, situando-se confortavelmente como uma das mais bem-sucedidas franquias de ficção científica e aventura de todos os tempos.

Além do filme *De volta para o futuro*, outras duas grandes franquias dos anos 1980 também exerceriam forte influência na cultura pop: a saga *Indiana Jones*, que traz um protagonista arqueólogo em busca de relíquias em cenários diversos, como a Índia e as selvas da América do Sul, e *Alien, o 8º passageiro*, o aterrorizante sci-fi que tirou a respiração do público nas

salas de cinema ao confinar seus personagens em uma nave e expô-los à ameaça mortal um alienígena.

Se *De volta para o futuro* apelava ao fascínio da viagem no tempo, outro título influente dessa época atraía fãs pelas possibilidades da computação gráfica: *Tron* (1982). O título traz o engenheiro de computação Kevin Flynn como protagonista de uma aventura inserida em um ambiente virtual para provar que um executivo de sua empresa o está trapaceando e enfrenta *Tron*, um programa de segurança. *Tron* foi um título pioneiro na utilização de longas sequências produzidas por computação gráfica, adotando uma estética semelhante à dos videogames que viria a influenciar os títulos de ficção científica das próximas gerações. Ainda nesse período, o gênero também seria agraciado com o lançamento da franquia *O exterminador do futuro* (1984) e de *RoboCop* (1987), ambos trazendo ícones da cultura pop, como o robô interpretado por Arnold Schwarzenegger e o ciborgue de Peter Weller.

Uiagem no tempo na geladeira?!

Consegue imaginar a franquia *De volta para o futuro* sem o icônico DeLorean? Pois é, nós também não. Mas foi por pouco que a saga estrelada por Michael J. Fox não contou com uma máquina do tempo em forma de... geladeira. Parecia uma boa ideia na hora, até que alguém cogitou que seria um risco para as crianças se elas tentassem uma "viagem no tempo caseira".

Tesouros e máquinas

Confira as obras sci-fi e de aventura que marcaram o cinema dos anos 1980.

O exterminador do futuro (1984), James Cameron

Um robô de um futuro devastado pela guerra entre humanos e máquinas é enviado ao passado para eliminar Sarah Connor, mãe do homem que se tornaria o principal líder da raça humana.

Os Goonies (1985), Richard Donner

Um grupo de jovens descobre um mapa do tesouro e parte em uma aventura para impedir que os prédios de seu bairro sejam demolidos e eles sejam forçados a se mudar.

RoboCop (1987), Paul Verhoeuen

Um policial à beira da morte é transformado em RoboCop, um ciborgue a serviço da justiça que toma como missão enfrentar uma gangue que ameaça a cidade de Detroit.

Batman (1989), Tim Burton

Nesse filme, o Homem-Morcego da DC Comics combate os crimes em Gotham City e enfrenta o vilão Coringa, que ameaça dominar os habitantes da cidade.

1990 a 1998
De *Jurassic Park* a *Toy Story*: O triunfo dos efeitos especiais e da animação

O início dos anos 1990 marcaria uma mudança fundamental na indústria cinematográfica hollywoodiana: o uso de tecnologia digital para filmagem em detrimento da ultrapassada técnica analógica das fitas de celuloide. O principal título que marca essa transição é *Jurassic Park – Parque dos Dinossauros* (1993), de Steven Spielberg. A obra, que narra a viagem de um grupo a uma ilha habitada por dinossauros supostamente inofensivos consagrou-se na história do cinema pelo realismo das criaturas pré-históricas – efeito conquistado graças à utilização da computação gráfica, que, diferente do efeito stop-motion, largamente utilizado pelas produções antecedentes e que "travava" o movimento dos objetos criados, conferia uma fluidez que gerava a sensação de realidade aos nossos olhos. Os efeitos especiais conquistados por *Jurassic Park* foram de tal forma inovadores para a indústria que abriram caminho para produções igualmente ou mais audaciosas na mesma década, como *Titanic* (1997) e o revolucionário *Toy Story* (1995).

A animação *Toy Story* foi o primeiro longa-metragem completamente gerado por computação gráfica. O filme narra a história de Woody, um boneco caubói que vê seu favoritismo por parte do dono, o jovem Andy, ameaçado quando este ganha um novo presente de aniversário: o moderno astronauta Buzz Lightyear. A obra obteve tamanho êxito de público e crítica devido ao seu caráter visionário, que permitiu aos estúdios Pixar e Disney explorarem ainda mais a fundo as possibilidades do 3D nos anos seguintes, por meio de animações como *Vida de inseto* (1998) e *Dinossauro* (2000). Também contribuiu fundamentalmente para as inovações nos gêneros ficção científica e fantasia, que dominariam a década seguinte.

Sangue e fantasia

Conheça os mais icônicos títulos da década de 1990.

Quietão

169 palavras. Isso é tudo o que Edward Mãos de Tesoura, interpretado por Johnny Depp, fala no filme homônimo de 1990.

É sangue para dar com pau!

Kill Bill é um filme sangrento, mas você sabe exatamente quanto? Nós te falamos: "450 litros" sangrento. Essa foi a quantidade aproximada de sangue falso utilizado nas gravações do filme de Quentin Tarantino.

Edward Mãos de Tesoura (1990), Tim Burton

Criado por um inventor, Edward é um inocente jovem que possui lâminas no lugar de mãos, o que dificulta o seu convívio em sociedade.

Pulp Fiction: Tempo de violência (1994), Quentin Tarantino

O filme de Tarantino segue uma cronologia não linear para narrar uma série de acontecimentos ligados a Jules Winnfield e Vincent Vega, uma dupla de assassinos de aluguel a serviço do gângster Marsellus Wallace.

Vida de inseto (1998), John Lasseter

Quando a colheita de uma colônia de formigas é destruída e seus habitantes se veem impossibilitados de entregá-la aos temidos gafanhotos, uma jovem formiga busca o auxílio de outros insetos para confrontar os inimigos.

Forrest Gump o contador de histórias (1994), Robert Zemeckis

A história do filme é narrada por Forrest Gump, um homem que, ao longo de 40 anos, se envolveu direta e indiretamente em momentos icônicos da história americana, como o discurso de Martin Luther King e o caso Watergate.

1999 a 2010

Matrix, Senhor dos anéis e *Harry Potter*: a era da informática e das adaptações literárias

ntes que pudéssemos adentrar o terceiro milênio, um filme antecipou a nova era a plateias de todo o mundo: *Matrix* (1999). Enquanto inúmeros títulos de ficção científica tiveram seus êxitos reconhecidos apenas depois de muitos anos, *Matrix* foi instantaneamente reconhecido por seus aspectos revolucionários, a começar por seu próprio universo narrativo. Na medida em que a trajetória do cinema sempre se aventurou em "mares nunca dantes navegados", como a África (*Tarzan*, 1918; *King Kong*, 1933) e o espaço (*2001: uma odisseia no espaço*, 1968; *Star Wars: uma nova esperança*, 1977), a saga sci-fi das irmãs Wachowski não fugiu à regra ao adentrar um ambiente ainda pouco explorado: a mente. A obra apresenta como protagonista Neo, um programador que descobre que sua realidade e a dos demais habitantes da Terra é uma simulação computadorizada criada por máquinas que utilizam o corpo dos seres humanos como fontes de energia. Ao ser "desconectado" dessa realidade falsa, Neo passa a enfrentar as máquinas em busca da liberdade para a humanidade, cumprindo a profecia segundo a qual "O Escolhido" levaria a cabo essa hercúlea tarefa. *Matrix* apresenta não só inovações incontestáveis em termos de efeitos visuais, como a aclamada técnica do *bullet-time*, que confere vários ângulos de visão a uma mesma cena, mas também um intrigante mosaico que reúne conceitos filosóficos, doutrinas religiosas, artes marciais e a linguagem *cyberpunk*, exprimindo um multiculturalismo e modernidade tão característicos de nosso tempo.

No entanto, a década de 2000 não veria apenas mundos futuristas, mas também universos repletos de magias, monstros e objetos encantados, como os proporcionados especialmente por duas consagradas franquias provenientes de obras literárias: *O senhor dos anéis* e *Harry Potter*. O primeiro, dirigido pelo cineasta Peter Jackson e baseado na obra homônima do escritor J. R. R. Tolkien, narra a saga de Frodo, um hobbit que recebe como missão destruir um anel capaz de aniquilar os habitantes da Terra Média, caso seja recuperado por seu dono, Sauron. A trilogia alcançou tamanho êxito entre a crítica cinematográfica e o público que levou seu terceiro filme, *O retorno do rei*, à obtenção de 11 estatuetas do Oscar, igualando-se a *Titanic* (1997) e *Ben-Hur* (1959) como um dos filmes mais premiados da história do evento. *Harry Potter*, por sua vez, é uma franquia cinematográfica inspirada na obra de J. K. Rowling que traz como protagonista um jovem bruxo encarregado de enfrentar o temível Lorde Voldemort, inimigo da comunidade bruxa, enquanto aprende sobre magia na renomada Escola de Magia e Bruxaria de Hogwarts. A obra se estabelece como um dos principais símbolos da cultura pop atual, influenciando o lançamento de obras cinematográficas posteriores, como *As crônicas de Nárnia* e *Percy Jackson*. Mas nem só de aventura e fantasia viveu o início dos anos 2000. O período também seria agraciado por marcantes títulos do gênero horror, como *O chamado* (2002), e a franquia *Jogos mortais* (2004). O primeiro, uma adaptação do longa-metragem japonês *Ringu* (1998), apresenta como protagonista Rachel Keller, uma jornalista que, ao investigar a ligação da misteriosa morte de sua sobrinha e de outras quatro jovens a uma fita que exibe imagens aterrorizantes, vê-se envolvida na maldição provocada pelo horripilante filme. *Jogos mortais*, por sua vez, é uma saga que traz como personagem principal Jigsaw, um maníaco que sequestra pessoas e as submete a situações extremas e sanguinárias a fim de testar o quão "dignas" elas são de suas vidas.

A década de 2000 foi ainda palco do *boom* inicial dos super-heróis no cinema. A faísca do agora colossal nicho das adaptações de HQs foi iniciada em 1998 por *Blade, o caçador de vampiros* (1998), mas somente teria as alas abertas com o lançamento de *X-Men* (2000). Na primeira adaptação dos heróis mutantes aos cinemas, os X-Men têm como missão enfrentar Magneto, antigo amigo do Professor Xavier que deseja subjugar os humanos. Entre lançamentos de longas com heróis consagrados, como *Hulk* (2003 e 2008) e *Batman begins* (2005), outros títulos adaptados de HQs também ganharam destaque no período, como o esteticamente primoroso *Sin city – A cidade do pecado* (2005) e *Watchmen: o filme* (2009). Porém, sobre o universo dos quadrinhos no cinema, somente a década seguinte pode falar melhor.

Uisitando os hobbits

Se você é fã de *O senhor dos anéis* e está planejando uma viagem de férias, cogite a Nova Zelândia. O país preserva o set construído para o condado dos hobbits, tornando-o um ponto turístico altamente interessante aos cinéfilos.

O maior número de câmeras (e de Oscars) em uma só sequência

O longa-metragem Ben-Hur (1959), estrelado por Charlton Heston, utilizou um total de 48 câmeras na filmagem da batalha naval. Não é à toa que venceu 11 estatuetas no ano seguinte, incluindo a de Melhor Filme. O feito na Academia, repetido por *Titanic* (1997) e *O senhor dos anéis: o retorno do rei* (2003), coloca os três filmes como os maiores vencedores da história da premiação.

☠ ⚓ Piratas e heróis

Saiba mais sobre os principais títulos de ficção científica, aventura e horror do período.

Piratas do Caribe: a maldição do Pérola Negra (2003), Gore Uerbinski

O filme narra a aventura do jovem Will Turner, que se une ao pirata Jack Sparrow para salvar sua amada, Elizabeth Swann, dos piratas "mortos-vivos" do navio Pérola Negra.

Atiuidade paranormal (2007), Oren Peli

Nesse longa-metragem de horror independente, um casal muda-se para uma nova casa e é importunado por fenômenos sobrenaturais presentes no local.

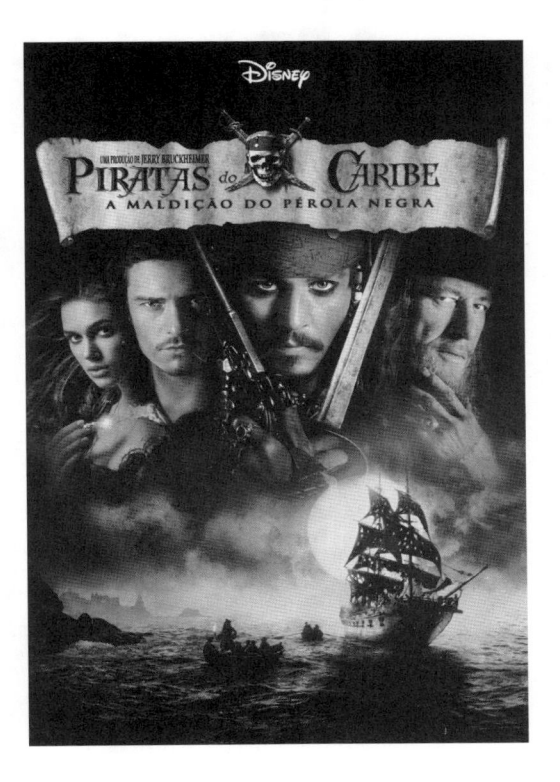

Auatar (2009), James Cameron

Um fuzileiro naval paraplégico é enviado a Pandora, um planeta habitado pelos alienígenas Na'vi que acaba tornando-se o lar do protagonista.

Watchmen (2009), Zack Snyder

Quando alguns dos heróis do universo de Watchmen são assassinados, uma investigação se inicia para descobrir o responsável, o que desvela uma conspiração que ameaça a humanidade.

2011 até hoje

De *Os Vingadores* a *Mad Max*: a era Marvel e o olhar ao passado

Ainda que a história do cinema esteja sendo escrita enquanto escrevemos estas palavras, podemos afirmar que vivemos a era dos filmes inspirados em histórias em quadrinhos. O cinema acenou para esse universo desde as adaptações de *Flash Gordon* e *Superman* nos anos 1930 e 1940, mas apenas nos últimos anos rendeu-se ao universo da DC Comics, com adaptações majoritariamente bem-sucedidas das histórias do Batman, e, principalmente, ao da Marvel, o que culminou na criação da bilionária franquia *Os Vingadores*. O primeiro filme da série apresenta os heróis Homem de Ferro, Capitão América, Hulk, Thor, Viúva Negra e Gavião Arqueiro como a equipe recrutada por Nick Fury, diretor da organização S.H.I.E.L.D., para enfrentar Loki, um deus que ameaça dominar os habitantes da Terra.

Outras legiões de heróis da Marvel também colhem os louros do sucesso na década dos quadrinhos, como é o caso das franquias *X-Men* e *Os guardiões da galáxia*. Os três mais recentes títulos da consagrada franquia dos mutantes – *X-Men: primeira classe* (2011), *X-Men: dias de um futuro esquecido* (2014) e *X-Men: Apocalipse* (2016) – abordam, respectivamente, a amizade entre Magneto e o Professor Xavier e o surgimento de seus grupos de mutantes; a viagem de Wolverine ao ano de 1973 para impedir o evento que daria origem ao extermínio de mutantes e humanos; e o confronto contra En Sabah Nur, um mutante do passado que estabelece como objetivo eliminar a humanidade e criar uma nova ordem mundial.

Guardiões da galáxia, bem como sua continuação, *Guardiões da galáxia vol. 2*, narram as aventuras espaciais de Peter Quill, Rocket, Groot, Gamora e Drax. Antes unidos por uma aliança forçada, a irreverente trupe une esforços para proteger a galáxia de vilões como Ronan e Ego, estabelecendo uma das "famílias" mais cômicas dos cinemas.

Enquanto a Marvel agracia o público com uma infinidade de heróis carismáticos em seu universo cinematográfico compartilhado, a DC Comics corre atrás do prejuízo resgatando seus próprios personagens icônicos para

MARVEL STUDIOS PRESENTS IN ASSOCIATION WITH PARAMOUNT PICTURES A MARVEL STUDIOS PRODUCTION A JOSS WHEDON FILM ROBERT DOWNEY JR. "MARVEL'S THE AVENGERS" CHRIS EVANS MARK RUFFALO CHRIS HEMSWORTH SCARLETT JOHANSSON JEREMY RENNER TOM HIDDLESTON CLARK GREGG COBIE SMULDERS WITH STELLAN SKARSGÅRD AND SAMUEL L. JACKSON AS NICK FURY MUSIC BY ALAN SILVESTRI SUPERVISOR DAVE JORDAN VISUAL EFFECTS SUPERVISOR JANEK SIRRS VISUAL EFFECTS AND ANIMATION BY INDUSTRIAL LIGHT & MAGIC COSTUME DESIGNER ALEXANDRA BYRNE EDITORS JEFFREY FORD, A.C.E. LISA LASSEK PRODUCTION DESIGNER JAMES CHINLUND DIRECTOR OF PHOTOGRAPHY SEAMUS McGARVEY, A.S.C. B.S.C. EXECUTIVE PRODUCERS ALAN FINE JON FAVREAU STAN LEE EXECUTIVE PRODUCERS LOUIS D'ESPOSITO PATRICIA WHITCHER VICTORIA ALONSO JEREMY LATCHAM PRODUCED BY KEVIN FEIGE STORY BY ZAK PENN AND JOSS WHEDON SCREENPLAY BY JOSS WHEDON DIRECTED BY JOSS WHEDON

  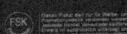 IN 3D www.theavengers-derfilm.de MARVEL

buscar seu êxito nos cinemas, a exemplo de *Mulher-Maravilha* (2017). Nesse longa-metragem, a protagonista Diana Prince incumbe-se da missão de partir da isolada ilha das Amazonas e enfrentar Ares, o deus da guerra, o qual a guerreira afirma ser o responsável pela grande guerra que a Terra enfrenta. O sucesso de *Mulher-Maravilha, Os Vingadores* e demais filmes protagonizados por heróis dos quadrinhos, comumente pontuados por grandiosas sequências de ação e humor, prova que o mundo das HQs ainda oferece um extenso terreno a ser explorado ao longo dos próximos anos.

Os tempos atuais também são marcados por um retorno ao passado por parte da indústria cinematográfica, expresso em frequentes sequências, *remakes* e *reboots. Jurassic world: o mundo dos dinossauros* (2015) representa uma sequência

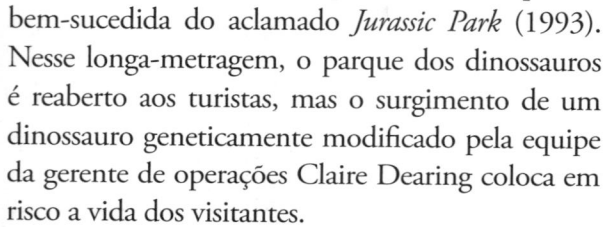

bem-sucedida do aclamado *Jurassic Park* (1993). Nesse longa-metragem, o parque dos dinossauros é reaberto aos turistas, mas o surgimento de um dinossauro geneticamente modificado pela equipe da gerente de operações Claire Dearing coloca em risco a vida dos visitantes.

A Bela e a Fera (2017), por sua vez, é um *remake* da animação da Disney de 1991 que repete a fórmula original com equivalente êxito, ao narrar o conto do príncipe amaldiçoado, que precisa de um amor correspondido para recuperar a aparência humana, e de Bela, uma jovem aldeã presa no castelo do príncipe que, aos poucos, apaixona-se por ele.

Mad Max: estrada da fúria (2015), por fim, é um *reboot* do filme de 1979 que retoma a mitologia da saga e apresenta ao público uma nova história aclamada pela crítica. Nesse *reboot*, ambientado no mesmo universo futurista e pós-apocalíptico da trilogia original, o protagonista Max une-se à Imperatriz Furiosa para fugir do implacável tirano Immortan Joe, que deseja resgatar as posses roubadas pela mulher.

O sucesso desses três títulos mostra, acima de tudo, que o passado do cinema ainda tem muito a oferecer ao presente e ao futuro.

Saluando o mundo

Confira os filmes geeks mais icônicos da atualidade.

Uingadores 2: era de Ultron (2015), Joss Whedon

Após um erro em um projeto de inteligência artificial de Tony Stark gerar Ultron, os Vingadores se unem para impedir que os habitantes da Terra sejam aniquilados.

Batman us. Superman: a origem da justiça (2016), Zack Snyder

Nesse título, Batman encarrega-se de enfrentar Superman, uma vez que acredita que o extraterrestre é poderoso demais para continuar agindo livremente na Terra.

Star Trek: sem fronteiras (2016), Justin Lin

Quando a nave Enterprise é atacada por Krall, um vilão que deseja se vingar da Federação, o capitão Kirk e sua tripulação aterrissam em um planeta desconhecido onde devem enfrentar uma perigosa raça de extraterrestres.

Caça-Fantasmas (2016), Paul Feig

Neste título de ficção científica e comédia, uma equipe de investigadoras paranormais é encarregada de salvar a cidade de Nova York de fantasmas capazes de possuir corpos humanos.

Curiosidades

O maior longa-metragem da história do cinema

Você é o tipo de pessoa que reclama de um filme de três horas? Então, não passe perto de *Tratamento contra a insônia*, lançado em 1987 e dirigido por John Henry Timmis IV. O filme possui 87 horas de duração, que constituem basicamente na filmagem do poeta Lee Groban lendo um poema de 4.080 páginas. Tem coragem de chamar os amigos para encarar a maratona?

Um filme #$@€!

O filme mais boca suja da história, surpreendentemente, não é de Quentin Tarantino. Trata-se de *Scarface*, um remake do original de 1932 dirigido por Brian de Palma e estrelado por Al Pacino. Lançado em 1983, o longa conta com um total de 203 palavrões. É palavrão pra &$@#£!

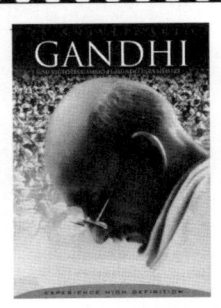

O filme com mais figurantes da história do cinema

Trezentas mil pessoas fizeram figuração em *Gandhi*, de 1982, do diretor Richard Attenborough. Quase o mesmo número de pessoas em um vagão de metrô às 18h, hein?

Yippie-Ki-Yay ou Hasta la vista?

Você consegue imaginar o personagem John McClane, da franquia *Duro de matar*, com outro rosto senão o de Bruce Willis? Pois saiba que o papel quase foi parar nas mãos de Arnold Schwarzenegger, Harrison Ford, Sylvester Stallone e Mel Gibson. Graças às recusas e impossibilidades de agenda, hoje temos o exemplo clássico de um ator que nasceu para o papel do sarcástico policial de Nova Jersey.

Em exibição nos cinemas... Desde o final dos anos 1930

Fãs de *E o vento levou*, há um lugar especial para vocês no CNN Center de Atlanta, nos Estados Unidos. O estabelecimento mantém em cartaz, desde 1939, o filme estrelado por Vivien Leigh e Clark Gable, em duas seções diárias.

Mirando o futuro

Tron, obra de Walt Disney Studios, é considerado o primeiro filme com atores reais a apresentar mais de 20 minutos de gráficos 3D e computação gráfica.

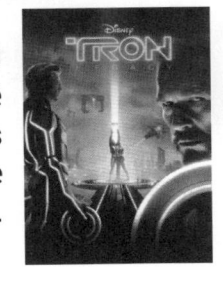

Dois papéis para Bill Murray

Você poderia imaginar Bill Murray como o *Batman* de 1989? Ou que tal como o Han Solo da saga *Star Wars*? O ator foi cogitado para ambos os papéis, que acabaram destinados, respectivamente, a Michael Keaton e a Harrison Ford.

A palavra que começa com M...

A máfia é o tema que permeia a franquia *O poderoso chefão*, mas em nenhum diálogo se ouve tal termo. Isso porque a própria máfia, digamos, "pediu carinhosamente" que a palavra não fosse pronunciada. Manda quem pode, obedece quem tem juízo.

Freela dos sonhos

Em *Superman: o filme* (1978), Marlon Brando interpreta o pai do herói, Jor-El, e aparece em cena por apenas 10 minutos. No entanto, para fazer essa aparição, recebeu US$ 4 milhões.

Capitão Kirk, um serial killer?

Em *Halloween* (1978), de John Carpenter, o protagonista Michael Myers utiliza uma máscara baseada no rosto do capitão Kirk, o personagem principal da saga *Jornada nas estrelas*.

Rios de dinheiro

A indústria do cinema, assim como qualquer outro negócio, tem um grande objetivo: o lucro. Filmes são lançados anualmente para que consigam arrecadar o máximo de dinheiro possível enquanto são exibidos nas telas de cinema. Ao longo de mais de um século de cinema, quais foram os filmes que mais conseguiram reunir o público?

Há duas maneiras de se listar os maiores arrecadadores: com e sem ajuste da inflação. É importante contar com essa informação, quando se pensa em mais de cem anos de cinema, pois seria injusto comparar a economia atual com a de sessenta anos atrás, por exemplo. Portanto, a lista sem correção traz os filmes com a arrecadação bruta. Os valores alcançados geralmente são altos devido ao público, que é muito maior, pois o mundo possui uma população maior.

Já a lista com a arrecadação atualizada mostra os números dos filmes proporcionalmente ajustados à atualidade e levando em consideração a inflação desde seu lançamento até hoje, de forma que sejam aplicados à bilheteria que alcançou.

SEM AJUSTE

Posição	Filme	Ano	Arrecadação aproximada (em dólares)
1	Avatar	2009	2,75 bilhões
2	Titanic	1997	2,18 bilhões
3	Star Wars: o despertar da Força	2015	2,07 bilhões
4	Jurassic World	2015	1,67 bilhão
5	Os Vingadores	2012	1,51 bilhão
6	Velozes e furiosos 7	2015	1,51 bilhão
7	Os Vingadores: a era de Ultron	2015	1,40 bilhão
8	Harry Potter e as relíquias da morte – Parte 2	2011	1,34 bilhão
9	Frozen – Uma aventura congelante	2013	1,27 bilhão
10	A Bela e a Fera	2017	1,24 bilhão

COM AJUSTE

Posição	Filme	Ano	Arrecadação aproximada (em dólares)
1	...E o vento levou	1939	3,75 bilhões
2	Avatar	2009	3,25 bilhões
3	Star Wars: uma nova esperança	1977	3,01 bilhões
4	Titanic	1997	2,70 bilhões
5	A noviça rebelde	1965	2,58 bilhões
6	E.T. – O extraterrestre	1982	2,52 bilhões
7	Os dez mandamentos	1956	2,30 bilhões
8	Doutor Jivago	1965	2,04 bilhões
9	Tubarão	1975	2,02 bilhões
10	Star Wars: o despertar da Força	2015	2,01 bilhões

Os campeões do Oscar

O Oscar, prêmio oferecido pela Academia Norte-Americana de Cinema, é considerado uma das maiores honrarias do cinema mundial. Dentro da indústria, é um dos pontos altos, um dos maiores reconhecimentos possíveis por atores, diretores, filmes e profissionais. Confira quais filmes, ao longo da história da premiação, conseguiram obter o maior número de estatuetas em uma mesma edição da premiação:

ESTÁTUAS DE OURO			
Posição	Filme	Ano	Números de estatuetas do Oscar
1	*O senhor dos anéis: o retorno do rei*	2003	11 (venceu em todas as categorias indicadas)
2	*Titanic*	1997	11 (indicado em 14)
3	*Ben-Hur*	1959	11 (indicado em 12)
4	*Amor sublime amor*	1961	10 (indicado em 11)
5	*Gigi*	1958	9 (venceu em todas as categorias indicadas)
6	*O último imperador*	1987	9 (venceu em todas as categorias indicadas)
7	*O paciente inglês*	1996	9 (indicado em 12)
8	*A um passo da eternidade*	1953	8 (indicado em 13)
9	*O sindicato dos ladrões*	1957	8 (indicado em 12)
10	*Minha bela dama*	1964	8 (indicado em 12)

Bolso sem fundo

Produzir um blockbuster requer bastante dinheiro, com valores cheios de zeros na conta dos grandes estúdios do cinema. É uma aposta alta, já que o filme pode gastar muito e não gerar retorno. O pior dos cenários é quando o valor arrecadado de todas as fontes possíveis de um filme (bilheteria, *merchandising* etc.) não paga a conta. Confira a lista dos filmes mais caros já produzidos por Hollywood.

BEM CAROS

Posição	Filme	Ano	Orçamento gasto (em dólares)
1	Piratas do Caribe: no fim do mundo	2007	341 milhões
2	Cleópatra	1963	340 milhões
3	Titanic	1997	294,4 milhões
4	Homem-Aranha 3	2007	291 milhões
5	Enrolados	2010	281,3 milhões
6	Harry Potter e o enigma do príncipe	2009	275,5 milhões
7	Waterworld – O segredo das águas	1995	271 milhões
8	Piratas do Caribe: o baú da morte	2006	265,2 milhões
9	Avatar	2009	261 milhões
10	John Carter: entre dois mundos	2012	259 milhões

Reis do lucro

Para os produtores do mundo do cinema, o objetivo é fazer a maior quantidade de dinheiro com o menor investimento possível. Ao longo da história do cinema, alguns filmes fizeram a alegria de seus investidores: fizeram um grande sucesso financeiro sem que houvesse um grande gasto. Confira quais são os filmes mais lucrativos da história.

GRANA, GRANA, GRANA

Posição	Filme	Ano	Investimento X Arrecadação (em dólares)
1	*Atividade paranormal*	2007	15 mil X 193 milhões
2	*A bruxa de Blair*	1999	60 mil X 248 milhões
3	*Mad Max*	1979	300 mil X 99 milhões
4	*Napoleon Dynamite*	2004	400 mil X 46 milhões
5	*Loucuras de verão*	1973	777 mil X 140 milhões
6	*Rocky: um lutador*	1977	995 mil X 225 milhões
7	*Jogos mortais*	2004	1,2 milhão X 103 milhões
8	*Ou tudo ou nada*	1997	3,5 milhões X 257 milhões
9	*Casamento grego*	2002	5 milhões X 368 milhões
10	*Invocação do mal*	2013	20 milhões X 318 milhões

Os maiores vilões e heróis do cinema

O American Film Institute (AFI) é uma entidade norte-americana sem fins lucrativos, especializada em formar novos diretores para a indústria, zelar pela história do cinema de seu país e cuidar de filmes antigos. É um instituto bastante importante e respeitado nos EUA, que concede anualmente o prêmio *AFI Life Achievement Award*, o qual celebra a vida e a obra de importantes nomes do cinema dos EUA.

O instituto é responsável pela elaboração de uma lista que contém os 50 maiores vilões e os 50 maiores heróis do cinema norte-americano. Confira os dez mais bem colocados em ambas as categorias, escolhidos de acordo com sua importância para o cinema segundo a AFI.

HERÓIS			
Posição	Personagem	Atriz/Ator	Filme
1	Atticus Finch	Gregory Peck	*O sol é para todos*
2	Indiana Jones	Harrison Ford	*Indiana Jones e os caçadores da arca perdida*
3	James Bond	Sean Connery	*007 contra o satânico Dr. No*
4	Rick Blaine	Humphrey Bogart	*Casablanca*
5	Will Jane	Gary Cooper	*Matar ou morrer*
6	Clarice Starling	Jodie Foster	*O silêncio dos inocentes*
7	Rocky Balboa	Sylvester Stallone	*Rocky: um lutador*
8	Ellen Ripley	Sigourney Weaver	*Aliens, o Resgate*
9	George Bailey	James Stewart	*A felicidade não se compra*
10	T. E. Lawrence	Peter O'Toole	*Lawrence da Arábia*

VILÕES

Posição	Personagem	Atriz/Ator	Filme
1	Alex DeLarge	Malcom McDowell	*Laranja mecânica*
2	Coringa	Heath Ledger	*Batman: o cavaleiro das trevas*
3	Hannibal Lecter	Anthony Hopkins	*O silêncio dos inocentes*
4	Norman Bates	Anthony Perkins	*Psicose*
5	Bruxa Malvada do Oeste	Margaret Hamilton	*O mágico de Oz*
6	Enfermeira Ratched	Louise Fletcher	*Um estranho no ninho*
7	Senhor Potter	*Lionel Barrymore*	*A felicidade não se compra*
8	Alex Forrest	*Glenn Close*	*Atração fatal*
9	Phyllis Dietrichson	Barbara Stanwyck	*Pacto de sangue*
10	Regan MacNeil	Linda Blair	*O exorcista*

Séries

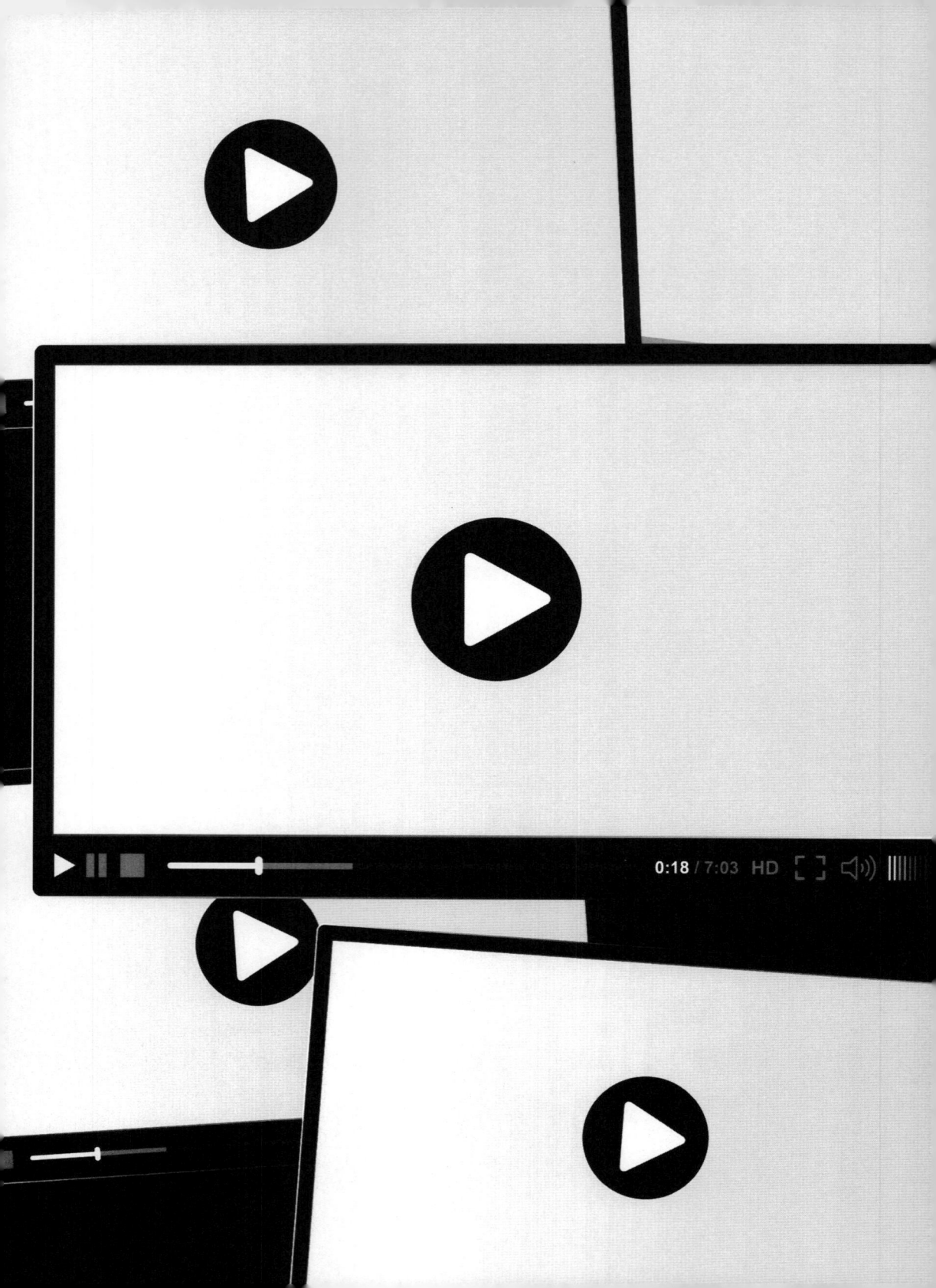

Um por todos e todos por um

Os seriados têm uma forma própria de contar as histórias. A princípio, cada capítulo de uma série de TV era uma obra independente, com começo, meio e fim. No entanto, seu valor junto ao público só aumentou, assim como a exigência da audiência. As séries, que eram vistas como primas pobres do cinema, elevaram seu nível para um dos meios mais ricos de mostrar nossos heróis e vilões, monstros e alienígenas, histórias de humor ou terror, com uma qualidade que rivaliza com a sétima arte.

Hoje, as produções para a TV e serviços de transmissão da internet trazem histórias que requerem orçamentos milionários e elencos estrelados para contar tramas que prendem a atenção a cada capítulo.

Agora, *Almanaque Geek* traz as melhores séries nerds de todos os tempos, do espaço aos heróis de Nova York, do carro falante às 24 horas de um agente antiterrorista, as quais nos dão peças de um quebra-cabeça gigantesco, que forma uma imensa fonte de diversão.

Linha do tempo

1959

Além da imaginação
Estreia na CBS a série de mistério e terror mais importante da história, fonte para material do gênero nas décadas seguintes.

1966

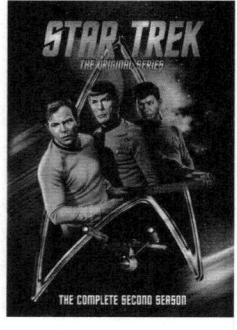

Jornada nas estrelas
O roteirista e produtor Gene Roddenberry dá vida à primeira tripulação da maior franquia de ficção científica de todos os tempos, uma fonte propagadora do otimismo na humanidade e da tecnologia na mente das pessoas.

1963

Doctor Who
Produção da TV estatal BBC, *Doctor Who* é uma das produções culturais britânicas mais famosas do mundo e um dos maiores nomes entre os fãs nerds.

1989

Os Simpsons
Indiscutivelmente a maior série de todos os tempos, *Os Simpsons* marcou história por ser a primeira animação a chegar ao horário nobre dos EUA, além da qualidade de seu humor e sua coragem em abordar temas polêmicos.

1993

Arquivo X
Os fãs seguiram Fox Mulder e Dana Scully a cada capítulo para desvendar os mistérios que formavam o Arquivo X.

2004

Lost
A primeira série a se aproveitar da popularização da internet, que fez com que a interação entre telespectadores se desenvolvesse ao formularem e compartilharem suas próprias teorias.

2006

Heroes
A promessa de uma série que agradasse aos fãs de quadrinhos com uma linguagem vista nas revistas naufragou quando, em sua terceira temporada, houve uma greve de roteiristas que atrapalhou o prosseguimento de sua história.

2010

The walking dead
Exemplo de sucesso duplo, tanto como série quanto nos quadrinhos, *The walking dead* marcou recordes de audiência graças, principalmente, aos capítulos finais de suas temporadas.

2011

Black mirror
Série que tenta explicar sua época: a dependência humana de tecnologias nem sempre essenciais.

2011

Game of thrones
Fenômeno mundial e símbolo máximo da atual condição das séries junto à indústria do entretenimento, *Game of thrones* é uma série que rivaliza com as grandes produções de Hollywood.

2015

Demolidor
Série conectada ao universo cinematográfico dos heróis da Marvel. Nela, como nos quadrinhos, há a presença de diferentes heróis, com histórias relacionadas entre si.

The Twilight Zone™

THE COMPLETE SERIES

Mistério e Fantasia

Além da imaginação (1959-1964)

O nome máximo do mistério na TV, *Além da imaginação* foi criada e narrada por Rod Serling. Cada um de seus episódios contava uma história independente, regada a muito mistério, paranormalidade e distopia, elementos inseridos no cotidiano de pessoas simples sem que houvesse uma resposta ou explicação para sua situação.

Cada capítulo tinha seu mistério próprio como atração, sem que, necessariamente, houvesse uma moral ou lição. Os personagens deviam lidar com situações fantásticas, como o viajante que via uma criatura na turbina de um avião comercial em pleno voo ou a mulher que tem um relógio que pode parar o tempo, mas está prestes a ter sua cidade atacada por bombas nucleares.

A série se tornou referência em enredos de qualidade e fonte para muito do material do gênero nas últimas cinco décadas.

Buffy: a caça-vampiros (1997-2003)

Série de terror inspirada no filme de 1992, com Buffy Summers, garota que faz parte de uma linhagem especial chamada Caçadoras, dedicada a derrotar vampiros e demônios.

Supernatural (2005-Atualmente)

Série de fantasia e terror que conta a história de dois irmãos, Sam e Dean Winchester. Após perderem a mãe em um acidente trágico, causado por forças misteriosas, os irmãos são treinados por seu pai para enfrentar forças sobrenaturais. Eles aprendem a se defender e a combater fantasmas, monstros e demônios. Na série, os irmãos Winchester viajam pelos Estados Unidos para resolver casos que envolvem ocultismo e entidades maléficas.

Lost (2004-2010)

Um dos maiores nomes do mistério e a primeira série a se aproveitar da interação pela internet com seu público, que criou milhões de teorias para seu programa favorito. Após a queda de um avião em uma ilha no Oceano Pacífico, seus passageiros precisam sobreviver em um local longe da civilização e cheio de enigmas.

Na ilha, há um navio pirata, estações científicas e criaturas misteriosas, além de outros humanos cujos objetivos são desconhecidos. *Lost* se tornou um fenômeno graças aos seus enigmas e referências à cultura pop. Com o desenrolar da série, descobrimos mais moradores da ilha, além da ligação entre os passageiros do avião, graças à exibição de lembranças do passado ou visões do futuro.

Penso, logo existo

Em *Lost*, diversos personagens receberam nomes de pensadores famosos: Edmund Burke, Jean-Jacques Rousseau, John Locke, Mikhail Bakunin e Richard Price.

Sherlock (2010-2017)

Série policial inspirada no grande personagem criado por Sir Arthur Conan Doyle, detetive Sherlock Holmes, que usa seu intelecto para resolver crimes em Londres. Todos os elementos originais estão presentes nesta versão, como o companheiro inseparável John Watson e o inimigo Jim Moriarty, mas transportados para o século XXI.

The walking dead (2010-Atualmente)

Inspirado nos quadrinhos de mesmo nome, *The walking dead* retrata um mundo pós-apocalíptico assolado por mortos-vivos. Após a queda da civilização, os sobreviventes estão à própria sorte na busca por salvar suas vidas. Alguns se juntam em novas sociedades, com leis próprias, e pacíficas, como a comunidade de Alexandria, ou caóticas, como os grupos comandados pelos vilões, como o Governador ou Negan.

O personagem principal é Rick Grimes, ex-policial que estava em coma durante a crise dos zumbis e sai em busca de sua esposa e filho ao despertar. Ao longo dos episódios, após se juntar com a família, ele comanda um grupo que recebe e perde pessoas a cada temporada e que tenta sobreviver a humanos e zumbis.

Censo morto-vivo

Segundo os responsáveis por *The walking dead,* a estimativa é que haja em média 5 mil zumbis para cada pessoa viva em seu mundo pós-apocalíptico.

Game of thrones (2011-Atualmente)

Baseada na coleção de livros *As crônicas de gelo e fogo* do escritor norte-americano George R. R. Martin, *Game of thrones* é uma série de sucesso de crítica e de público que se passa em um mundo ficcional onde estações podem durar anos e sua população teme a chegada do inverno. Esse mundo é dividido em vários continentes, sendo o mais importante Westeros.

Inspirado na Europa medieval, Westeros é dividido em sete reinos, cada qual comandado por famílias conhecidas como casas.

As casas principais e seus respectivos lemas são:

Na guerra dos tronos, você vence...

A inspiração para a rivalidade entre os Stark e os Lannister, remonta à Guerra das Rosas entre as famílias York e Lancaster que, durante parte do século XV, lutaram pelo trono da Inglaterra.

Sua Majestade

Em 2014, a rainha Elizabeth II, monarca da Inglaterra, visitou os estúdios de *Game of thrones* em Belfast, Irlanda do Norte. Convidada a se sentar no Trono de Ferro, símbolo do poder em Westeros, ela declinou do convite, pois há regras na realeza britânica que proíbem que o rei ou a rainha se sentem em um trono que pertença a outro monarca.

- Baratheon: Nossa é a fúria.
- Lannister: Ouça-me rugir.
- Stark: O inverno está chegando.
- Targaryen: Fogo e sangue.
- Greyjoy: Nós não semeamos.
- Martell: Insubmissos, não curvados, não quebrados.
- Arryn: Tão alto como a honra.
- Tyrell: Crescendo fortes.
- Tully: Família, dever, honra.
- Bolton: Nossas lâminas são afiadas.

Westeros possui ao norte uma área sempre congelada, e nela há povos que não pertencem a nenhuma casa. Separando o norte do resto do continente está a Grande Muralha, uma barreira gigante de gelo mantida pela Patrulha da Noite, exército formado por proscritos de toda Westeros que recebem como punição por seus crimes uma vida de prestação de serviços à Patrulha.

Além de Westeros, há as Cidades Livres, nove cidades que estão ao longo da costa do continente: Essos Pentos, Braavos, Lys, Qohor, Norvos, Myr, Tyrosh, Volantis e Lorath. Há ainda o Mar Dothraki, onde vivem os Dothraki, nômades que formam uma sociedade de guerreiros livres. Esse mundo também possui muitos elementos sobrenaturais e criaturas fantásticas, como os dragões, há muito extintos, e os Outros, criaturas do frio que formam um temido exército.

Morte e traição dão o tom da série, que possui diversos personagens. A produção está muito além da média, digna de um filme de Hollywood.

A série aborda os conflitos entre as casas pela conquista do Trono de Ferro, símbolo máximo do monarca de Westeros. Quando *Game of thrones* começa, Robert Baratheon, da casa Baratheon, está coroado como rei, pois derrubou o antigo monarca, da casa Targaryen, em grande medida devido ao apoio dos Lannister e dos Stark.

Após alguns anos da batalha que o colocou no trono, Robert viaja ao norte para encontrar o regente local, seu amigo Eddard Stark. O objetivo da viagem é tornar Eddard sua "mão do Rei", cargo similar a primeiro ministro. Uma vez que Eddard aceita o convite e segue para a capital de Westeros, inicia-se toda uma trama de busca por poder e guerras para dominar todo o mundo de *Game of thrones*. Ao longo das temporadas, temos guerras, queda e ascensão de novas lideranças, a volta dos dragões, a destruição de reinos e a aparição dos Outros.

Eddard Stark.

Once upon a time (2011-Atualmente)

Série de fantasia que se passa na cidade fictícia de Storybrooke, no estado norte-americano do Maine, cujos moradores são personagens famosos das fábulas.

Na série, faz-se uma releitura de personagens e histórias, transportando-os para o mundo real, com vidas e empregos normais.

Ao longo da narrativa, a filha da Branca de Neve e do Príncipe Encantado busca uma maneira de quebrar a maldição lançada pela Rainha Má e, a cada capítulo, há a participação de outros personagens das fábulas.

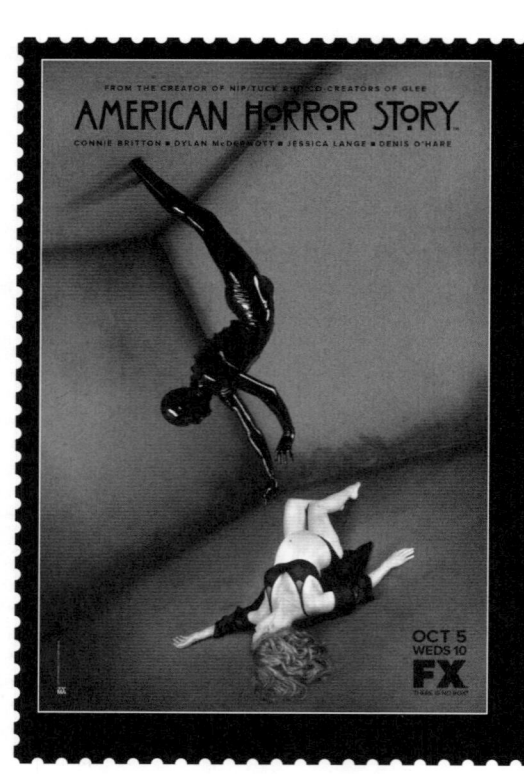

American horror story (2011-Atualmente)

Série de terror formada por temporadas independentes. Nelas, os personagens enfrentam situações com demônios e fantasmas, apostando em boas histórias ambientadas em casas amaldiçoadas, instituições para pacientes insanos, sociedades de bruxas e hotéis assombrados.

Vikings (2013-Atualmente)

Drama histórico sobre a famosa sociedade nórdica de guerreiros e exploradores, os vikings. O protagonista é um de seus líderes e heróis, Ragnar Lothbrok, que comandou campanhas de invasão a países como França e Inglaterra. Os capítulos contam a trajetória de Ragnar, da simplicidade de uma fazenda às grandes guerras e saques feitos por sua tribo em 790 d.C.

Penny Dreadful (2014-2016)

Série de terror sobrenatural que coloca na mesma história grandes nomes da literatura do terror, como Drácula, Dorian Gray, Jack (o Estripador) e Van Helsing, além de bruxas, monstros e lobisomens.

Fear the walking dead (2015-Atualmente)

Spin-off de *The walking dead* que, ao contrário da série original, a qual mostra o mundo já deteriorado pela ação dos zumbis, se passa durante a crise da transformação das pessoas. Outra grande diferença: em vez de se passar em uma zona rural, como a série original, transcorre em zonas urbanas, como Los Angeles e México.

Ficção científica

Stranger things (2016–Atualmente)

Série que se passa na década de 1980 e faz homenagem aos elementos culturais da época. Após o desaparecimento de um garoto na cidade de Hawkins, Indiana, seus amigos resolvem procurá-lo, mas o que encontram é uma garota com poderes telecinéticos, a chave de entrada para eventos misteriosos e teorias da conspiração.

Westworld (2016–Atualmente)

Inspirado no filme de mesmo nome de 1973, *Westworld* é ambientado em um parque temático do velho oeste, só que tecnologicamente avançado, com androides chamados "anfitriões", que têm a função de cumprir os pedidos dos visitantes, os quais pagam caro para ser importantes no local e estar acima de leis ou regras e fazer o que quiserem.

Jornada nas estrelas (1966–1969)

Maior série de ficção científica de todos os tempos e fonte de inspiração para as gerações seguintes, principalmente no campo tecnológico, *Jornada nas estrelas* foi criada por Gene Roddenberry, roteirista e produtor de TV.

Sua realidade se passa no século XXIII, no qual a civilização humana está em paz e alcançou um ponto nunca visto em sua história, sem conflitos ou problemas sociais. Resta agora seu grande objetivo: explorar o espaço. Após a descoberta de outras civilizações, a Terra passa a fazer parte da Federação dos Planetas, uma entidade colaborativa interplanetária.

STAR TREK®
THE ORIGINAL SERIES

A abertura de cada episódio é marcada pelo famoso texto introdutório: "Espaço: a fronteira final. Essas são as viagens da nave estelar Enterprise. Em sua missão de cinco anos... para explorar novos mundos... para pesquisar novas vidas... novas civilizações... audaciosamente indo aonde nenhum homem jamais esteve".

As aventuras de *Jornada nas estrelas* focam na nave estelar USS Enterprise, parte da frota estelar da Federação dos Planetas, organização com moldes militares, mas sem fins bélicos, que viaja pela Via Láctea com missões humanitárias e de exploração.

A Enterprise é comandada pelo capitão James Tiberius Kirk, cuja tripulação tem como principais nomes o comandante Spock, o oficial médico Leonard McCoy, o engenheiro-chefe Montgomery Scott, o tenente e piloto Hikaru Sulu, a especialista em comunicação Nyota Uhura e o alferes Pavel Chekov.

Graças ao seu sucesso, permaneceu popular ao longo das décadas, gerando vários filmes e, principalmente, *spin-offs* na forma de outras séries, com outras tripulações, em outras épocas.

Vermelho = perigo

Os "camisas vermelhas" de *Jornada nas estrelas* ficaram famosos não por sua inteligência ou coragem em batalha, mas por serem os alvos preferidos dos roteiristas da série.

Esses tripulantes da Enterprise, personagens secundários geralmente relacionados à engenharia ou à segurança da nave, costumavam morrer nos episódios, muitas vezes de forma violenta, quando participavam de uma missão em algum planeta. Eram os alvos dos inimigos ou das armadilhas em terra, para mostrar o tamanho do perigo que enfrentavam Kirk e cia.

Primeiro Beijo Inter-Racial

Na década de 1960, enquanto muitos dos estados dos EUA ainda tinham segregação racial explícita, *Jornada nas estrelas* fez história ao mostrar no dia 22 de novembro de 1968, às 22h, horário nobre da TV, o primeiro beijo entre uma negra (Nichelle Nichols) e um branco (William Shatner).

Jornada nas estrelas: a série animada (1973-1974)

Após três temporadas, foi criada a versão em desenho animado das aventuras da tripulação original, com direito a dublagem dos atores originais. É considerada uma espécie de continuação direta de *Jornada nas estrelas*.

Jornada nas estrelas: a nova geração (1987-1994)

Após o sucesso da série original e dos filmes de *Jornada nas estrelas*, uma tripulação foi criada para novas aventuras e para comemorar os 20 anos da versão original. Em *A nova geração*, o comando está nas mãos do capitão Jean-Luc Picard, que está à frente do primeiro-oficial William Riker, do androide Data, do engenheiro-chefe Geordi La Forge, dos chefes de segurança Tasha Yar e Worf, da oficial médica chefe Beverly Crusher e do piloto Wesley Crusher.

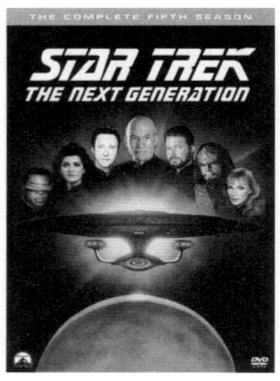

Jornada na estrelas: deep space nine (1993-1999)

Diferente das demais séries, *Deep space nine* se passa em uma estação espacial, e não em uma nave estelar. Com episódios mais complexos, há menos exploração e mais conflitos entre planetas. Os principais personagens são o oficial comandante Benjamin Sisko, o oficial chefe de ciências Jadzia Dax e o oficial médico Julian Bashir.

Jornada na estrelas: Voyager (1995-2001)

Primeira nave capitaneada por uma mulher, comandante Kathryn Janeway, *Voyager* se passa na mesma época de *A nova geração*.

Graças a uma força descomunal, a nave Voyager é arremessada para um local desconhecido no espaço durante uma missão e cada episódio mostra as tentativas da nave da Federação de voltar à Terra.

Jornada nas estrelas: Enterprise (2001–2005)

Um *prequel* da série original, que se passa antes das aventuras de Kirk e seus comandados. Aqui, a nave é comandada pelo capitão Jonathan Archer.

Battlestar Galactica (1978–1979; 2003–2009)

No Brasil, *Galactica, astronave de combate*

Ficção científica ambientada no espaço sideral que foi criada para aproveitar o sucesso de *Star Wars*. Na série, os humanos vieram do planeta Kobol. Organizados em treze tribos, tendo uma delas supostamente dado origem à nossa espécie, deixam o planeta por não haver mais condições de viver nele. Saem pelo espaço na busca por novos lares, para criar novas colônias e desenvolver sua tecnologia.

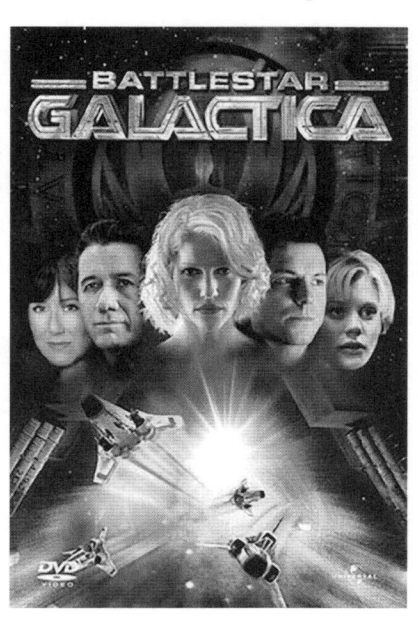

Além de mostrar o espaço, tinha como destaque suas batalhas espaciais e combates entre as civilizações presentes na série.

Em sua nova versão, de 2003, mantém-se a essência da série original, com capítulos pautados em discussões políticas e sociais.

Doctor Who (1963–Atualmente)

Série britânica de ficção científica produzida pela BBC e orgulho de seu país, *Doctor Who* é uma série de fantasia com diversas temporadas, separadas por pequenos hiatos entre algumas delas ao longo das décadas.

A série conta as aventuras do Doutor (The Doctor), o Senhor do Tempo, vindo do planeta Gallifrey. O ser se tornou um explorador do espaço graças à sua máquina do tempo, TARDIS (Time And Relative Dimensions In Space) Tipo 40, cuja pitoresca forma é uma cabine de polícia de Londres da década de 1960. Na verdade, o artefato poderia mudar de forma, para se camuflar ao local onde está, mas teve um problema em seu "circuito camaleão" que fez com que a cabine travasse sua forma.

A cada temporada, junto de seus amigos o Doutor (cujo nome real ninguém sabe) age para ajudar civilizações contra perigos. Seus maiores inimigos são Daleks e Cybermen, além de outro Senhor do Tempo renegado, conhecido como Mestre.

Sua raça é capaz de se regenerar quando mortalmente ferida, tomando uma nova aparência. Essa foi a maneira de explicar as mudanças de atores ao longo de suas temporadas. Foram 12 doutores ao longo da história, sendo que em sua décima terceira encarnação uma mulher, pela primeira vez, fará o papel do viajante do tempo.

Arquivo X (1993–2002; 2016)

Série de ficção científica sobre dois investigadores do FBI especializados em casos não solucionados, os Arquivos X. Fox Mulder e Dana Scully entram em casos que envolvem fenômenos paranormais e circunstâncias misteriosas. O enredo que forma o fio condutor envolve a existência e a presença de extraterrestres na Terra, mas *Arquivo X* aborda também outros temas.

Mulder acredita na presença de alienígenas na Terra, enquanto Scully é cética. Ao longo das temporadas, além dos casos independentes, a trama sobre os ETs vai sendo construída.

BBC

DOCTOR WHO

THE COMPLETE FIRST SERIES

NETFLIX
I AM WE
sense8
A NETFLIX ORIGINAL SERIES
ALL EPISODES
June 5

Sense8 (2015-2017)

Ficção criada pelas irmãs Lilly e Lana Wachowski que conta histórias de oito personagens desconhecidos entre si, de diferentes partes do mundo e culturas diversas, que têm ao mesmo tempo a visão da morte de uma mulher chamada Angelica. Essas pessoas descobrem que estão interligadas mentalmente e podem, mesmo a distância, se comunicar e compartilhar conhecimento e emoções. Essa ligação tem o nome de *sensate*.

Os capítulos mostram a busca de todos do porquê dessa conexão e recebem a ajuda de Jonas, um homem capaz de usar as mesmas habilidades sensates, quando o grupo passa a ser ameaçado por Whispers (ou Sussurros).

Mr. Robot (2015-Atualmente)

Drama cujo protagonista é Elliot Alderson, um engenheiro especializado em segurança digital que sofre de depressão e transtorno de ansiedade. Certo dia, Alderson é convocado por um hacker chamado Mr. Robot para se unir a um grupo de ativistas tecnológicos, que tem como objetivo atos anarquistas, como atacar grandes corporações, incluindo a empresa em que Elliot trabalha.

Black mirror (2011-Atualmente)

Série britânica de ficção científica que aborda temas sobre tecnologia e como a civilização atual está refém da internet, de *smartphones* e de outros aparelhos. Quase sempre na atualidade ou em um futuro próximo, os episódios são independentes e abordam situações do cotidiano.

Stargate SG-1 (1997-2007)

Dando continuação à história do longa-metragem *Stargate*, de 1994, *SG-1* dá prosseguimento à descoberta e ao uso do artefato chamado Stargate, conjunto de portais que interligam pontos distantes no espaço sideral e permitem viagens instantâneas por buracos de minhoca, teoria de movimentação pelo espaço-tempo por atalhos. No seriado, o grupo militar SG-1 usa o Stargate descoberto na Terra para explorar novos mundos e defender nosso planeta de invasões alienígenas.

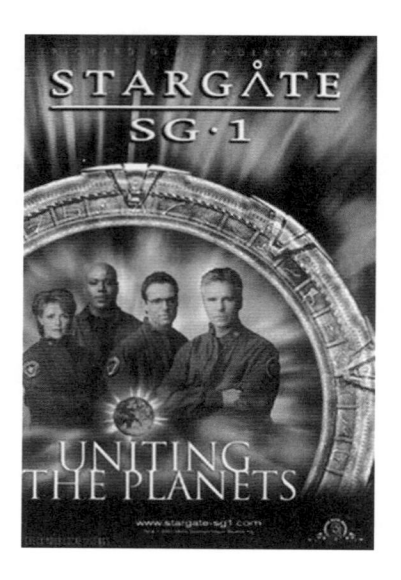

Firefly (2002-2003)

Série que se passa no futuro, em 2517, no qual a civilização humana conseguiu encontrar outro sistema solar. O foco da história é a nave Serenity, da classe Firefly, e sua tripulação de nove pessoas, responsáveis pela exploração do novo sistema.

Fringe (2008-2013)

A série tem como pontapé inicial um acontecimento em Boston, EUA: um avião pousa no aeroporto da cidade com todos os seus passageiros mortos. Os agentes do FBI Olivia Dunham e John Scott passam a investigar o caso e pedem ajuda ao psiquiatra Walter Bishop para resolver a situação. Com o tempo, descobrem que o ocorrido faz parte de algo maior e passam a participar de eventos que envolvem muito mistério e diversos temas de ficção científica.

Exterminador do Futuro: as crônicas de Sarah Connor (2008-2009)

Parte da saga *Exterminador do futuro* que mostra um período específico da vida de Sarah e John Connor. Após os acontecimentos do segundo filme do *Exterminador do futuro*, os dois estão foragidos da Justiça e passam a combater os criadores da rede tecnológica Skynet. A família recebe a ajuda da exterminadora Cameron para enfrentar robôs vindos do futuro.

Perdidos no espaço (1965-1968)

Série de ficção científica com as aventuras da família Robinson a bordo da nave Júpiter 2 no espaço sideral. No ano de 1997, a Terra sofre com diversos males, e a família Robinson tem a missão de alcançar um novo planeta, Alpha Centauri, para criar uma colônia terrestre. A família era formada pelo professor John Robinson, sua esposa Maureen, os filhos Judy, Penny e Will, o major e piloto Don West e o robô B9.

Há um tripulante extra, o doutor Zachary Smith, que, a mando de uma organização que só tem a perder com o sucesso dos Robinson, sabota a missão, fazendo com que o robô B9 destrua o sistema de navegação da nave. A Júpiter 2 acaba viajando para os confins da galáxia e os episódios mostram as tentativas dos Robinson de voltar para a Terra.

Terra de gigantes (1968-1970)

Série que conta a história da tripulação da nave espacial Spindrift, que viajava entre Los Angeles e Londres e entra em dobra espacial em uma tempestade, sendo arremessada a uma enorme distância no espaço sideral. O destino é um planeta com gigantes, que vivem sob um regime totalitário.

Uiagem ao fundo do mar (1964–1968)

Série das aventuras do submarino Seaview, comandado pelo almirante Nelson e sua tripulação, que inclui o capitão Crane e o marinheiro Kowalski. Em plena Guerra Fria, o submarino combate comunistas de países fictícios. Nas temporadas seguintes, passou a enfrentar criaturas fantásticas.

O homem de seis milhões de dólares (1974–1978)

Série sobre o coronel e astronauta Steve Austin, agente da Office of Scientific Intelligence. Após sofrer um acidente grave em um avião, Steve teve seu corpo reconstruído com partes biônicas ao preço de 6 milhões de dólares. Seu braço direito, suas pernas e seu olho esquerdo foram melhorados, e o agente passou a enfrentar crimes com mais força, visão melhorada e alta velocidade de locomoção.

A mulher biônica (1976–1978)

Spin-off de *O homem de seis milhões de dólares*, a protagonista Jaime Sommers, assim como seu noivo Steve Austin, sofreu um grave acidente ao saltar de paraquedas, que falhou em abrir. Com a intervenção do companheiro, Jaime também recebe partes biônicas e se torna agente da Office Scientific of Intelligence. Ela recebe implantes no ouvido (superaudição), braço direito (força) e pernas (velocidade) e passa a enfrentar criminosos em sua série.

Heróis

Demolidor (2015–Atualmente)

O advogado Matt Murdock é o Demolidor, vigilante que sofreu um acidente quando criança, no qual produtos químicos entraram em contato com seus olhos. No acidente, ele perdeu a visão, mas teve os outros sentidos aguçados. Após receber treinamento em artes marciais de seu mentor, Stick, Murdock passa a agir no bairro Hell's Kitchen, em Nova York, e a combater o crime organizado, cujo principal nome é o do empresário e vilão Wilson Fisk.

Tanto como vigilante quanto nos tribunais, nos quais atua com seu amigo Franklin Foggy, a série traz a luta de Murdock para desmascarar Fisk, que usa dinheiro e poder para derrotar seus adversários e alcançar seus objetivos. A série recebe várias participações especiais de outros heróis, como o Justiceiro Frank Castle e a ninja Elektra Natchios.

Jessica Jones (2015–Atualmente)

Jessica Jones é uma ex-heroína que teve sua carreira interrompida em um acidente. Assim, ela passa a se dedicar a um novo negócio, em uma agência de detetives própria, em Nova York. Jessica acaba enfrentando casos que envolvem outras pessoas com talentos especiais.

MARVEL
AGENTS OF
S.H.I.E.L.D.
GHOST RIDER

SEASON PREMIERE SEPT 20 abc
NEW TIME **TUESDAYS** 10|9c

#AgentsofSHIELD

Luke Cage (2016-Atualmente)

O protagonista Luke Cage é um herói com superforça e pele impenetrável, talentos conseguidos em um experimento. Cage usa seus poderes para combater o crime em Nova York, principalmente no bairro do Harlem.

Punho de Ferro (2017-Atualmente)

Danny Rand, ou Punho de Ferro, é um artista marcial que conta com um poder lendário, o golpe "punho de ferro". O herói retorna à sua cidade, Nova York, após um período de 15 anos e passa a lutar contra o crime em sua terra natal.

Os defensores (2017-Atualmente)

Série que reúne os heróis da Marvel que combaterão o crime em Nova York, formada por Demolidor, Jessica Jones, Luke Cage e Punho de Ferro.

Agentes da S.H.I.E.L.D. (2013-Atualmente)

Série conectada ao universo Marvel nos cinemas e que se concentra na organização S.H.I.E.L.D. Os episódios mostram o grupo comandado pelo agente Phil Coulson, que enfrenta inimigos especiais de grupos como a Hydra e Inumanos. Graças aos membros altamente treinados Grant Ward, especialista em combate, Melinda May, piloto, Leo Fitz, cientista, e a agente Jemma Simmons, além do hacker Skye, a S.H.I.E.L.D. é capaz de resolver casos menores do que os enfrentados pelos grandes heróis da Marvel, mas não menos perigosos.

Agente Carter (2015-2016)

Dando prosseguimento à história do filme *Capitão América: o primeiro vingador,* Agente Carter traz a agente Peggy Carter como protagonista. Após o final da Segunda Guerra Mundial, Carter passa a trabalhar na Reserva Científica Estratégica, como uma simples telefonista. Porém, quando Howard Stark é acusado de trair os EUA, Peggy passa a ajudá-lo para provar sua inocência. Então, juntos formarão, no futuro, a S.H.I.E.L.D.

Smallville: as aventuras do superboy (2001–2011)

Série que conta a juventude e descoberta dos poderes do principal super-herói da DC Comics, Superman. Clark Kent é um jovem que vive na cidade de Smallville, Kansas, e guarda um grande segredo: possui superpoderes. A série mostra a vida de Clark na escola, com seus pais adotivos, Martha e Jonathan Kent, seu primeiro amor, Lana Lang, e quem viria a ser seu arquirrival, Lex Luthor.

A popular série, ao longo das temporadas, recebe a participação de vilões canônicos do Superman, assim como algumas de suas histórias mais famosas dos quadrinhos, para mostrar como o herói descobre seus poderes, além de seu ponto fraco, a kryptonita.

Na segunda metade das temporadas, chega a hora de mostrar o herói em Metrópolis, trabalhando como repórter no Planeta Diário ao lado da jornalista Lois Lane.

Supergirl (2016–Atualmente)

Série da heroína *Supergirl*, nascida Kara Zor-El e enviada à Terra, o mesmo planeta de seu primo, Kal-El (Superman), para cuidar de seu parente. Após a nave ficar presa em uma área misteriosa no espaço, a Zona Fantasma, ela chega à Terra quando Superman já é o defensor da paz e da justiça. Aqui, recebe o nome de Kara Danvers de seus pais adotivos.

Supergirl possui os mesmos poderes de seu parente de Krypton (voo, força, velocidade, visão raio X, sopro congelante e visão de calor), assim como sua fraqueza, a kryptonita.

Gotham (2014-Atualmente)

Baseado no universo de Batman, Gotham se aproveita das melhores características de cada personagem para contar a história da cidade sem a participação direta do Maior Detetive do Mundo.

Na série, Bruce Wayne ainda é uma criança, mas Gotham City já é assolada pelo crime e pela violência, atmosfera perfeita para o surgimento dos futuros arquirrivais do Batman.

A série é focada no jovem detetive James Gordon em seus primeiros dias na polícia local e reconta a origem de vilões como Charada, Duas-Caras, Espantalho, Hera Venenosa, Mulher-Gato e Pinguim.

Arrow (2012-Atualmente)

Série do herói da DC Comics Arqueiro Verde, *alter ego* do bilionário Oliver Queen. Após sobreviver a um naufrágio, Oliver passa cinco anos em uma ilha. Quando consegue voltar para casa, passa a se dedicar a combater o crime como um vigilante. O herói se vale de seu arco e flechas e artes marciais para defender Starling City.

Flash (2014-Atualmente)

Série do super-herói da DC Comics, Flash, capaz de alcançar supervelocidades. Barry Allen tem a mãe assassinada e o pai acusado injustamente por esse crime. Barry então passa a morar com o detetive Joe e sua filha Iris West e se torna um cientista forense em Central City, enquanto tenta resolver o caso de sua mãe.

Após a explosão de um acelerador de partículas, que espalha um tipo de radiação por toda a cidade durante uma tempestade elétrica, Barry é atingido por um raio, ao mesmo tempo que recebe um banho de produtos químicos. A combinação faz com que ele fique em coma por meses, mas, ao acordar, é capaz de alcançar supervelocidade.

Barry torna-se o Flash, que combate outras pessoas que também foram afetadas pela radiação e se tornaram vilãs.

DC's Legends of tomorrow (2016-Atualmente)

Série com heróis menos badalados da DC Comics. Em 2166, o vilão Vandal Savage está próximo de conseguir a vitória que o separa da conquista mundial e de trazer o caos à humanidade. Para detê-lo, o Mestre do Tempo Rip Hunter volta 150 anos para o passado com o intuito de recrutar um grupo de heróis capaz de deter Savage.

Heroes (2006-2010)

Série inspirada no conceito dos quadrinhos que tenta responder à pergunta "Como seria o mundo se realmente existissem pessoas dotadas de superpoderes?". Nela, pessoas de todo o mundo, simples desconhecidos, descobrem ter dons especiais e uma espécie de ligação entre si. Seus poderes incluem voo, força, regeneração, leitura da mente, controle do tempo e espaço, superaudição e visões do futuro.

Dentre o grupo, há aqueles que usam seus poderes em benefício próprio e acabam se tornando ameaças à humanidade.

Xena: a princesa guerreira (1995-2001)

A série narra as aventuras da guerreira Xena, que teve uma vida voltada para a violência e o crime, mas mudou seu comportamento e começou a ajudar as pessoas ao seu redor. Junto com sua amiga Gabrielle, ela enfrenta criaturas fantásticas e personagens de outras eras, como grandes heróis e vilões de outras mitologias.

Batman (1966-1968)

Série clássica do Homem-Morcego, com um viés cômico e infantil, tornou-se uma sátira dos gibis. Cada episódio, dividido em duas partes com o intuito de manter o público na expectativa de seu desfecho, destaca as aventuras de Batman, com a ajuda de Robin, o mordomo Alfred, o comissário de polícia Gordon e o chefe de polícia O'Hara.

Toda semana, a dupla dinâmica enfrentava a vilania em Gotham City, com a participação de grandes atores de Hollywood, como Vicent Price e Burgess Meredith.

Hulk (1978-1982)

Após a morte da esposa, o cientista David Bruce Banner desenvolve um experimento para liberar a força que ele acredita que todo ser humano tem em seu corpo. Usando radiação gama, seu experimento não sai como esperado: ao ficar nervoso, Bruce Banner se transforma em uma criatura verde, perde o controle e adquire superforça. Cada episódio mostra Hulk ajudando as pessoas, enquanto foge das autoridades e do jornalista Jack McGee, que tenta culpá-lo pela morte de uma pessoa.

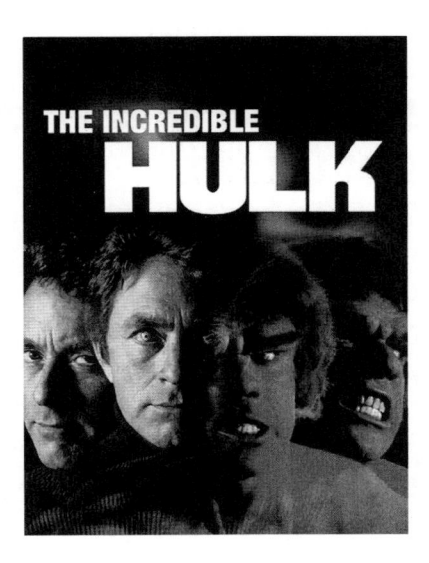

Mulher-Maravilha (1975-1979)

Série de uma das personagens mais importantes das HQs, a amazona Mulher-Maravilha. Moldada do barro por sua mãe, a rainha Hipólita, a princesa Diana é treinada para se tornar uma heroína, e partir para o mundo e enfrentar o mal. Sua primeira aventura é contra os nazistas na Segunda Guerra, em que assume a identidade secreta de Diana Prince, militar. A partir daí, enfrenta grandes perigos com seus poderes e armas, entre elas o Cinturão do Poder, os Braceletes Protetores e o Laço Mágico Dourado.

Super-herói americano (1981-1983)

Série cômica das aventuras do professor Ralph Hinkley, que recebeu um presente de alienígenas: uma roupa capaz de dar poderes especiais a ele. Porém, após a partida dos benfeitores, o professor perde o manual de instruções do traje. Assim, ele não tem controle de seus poderes e age de maneira atrapalhada em suas missões.

Ação/Tecnologia

Breaking Bad (2008–2013)

O químico Walter White é professor em uma escola secundária em Albuquerque, Novo México, e enfrenta diversas dificuldades na vida: é frustrado em sua profissão, tem um filho com paralisia, sua esposa está grávida mais uma vez e sua situação financeira é precária. A gota d'água é a descoberta de uma doença grave em seu pulmão, um câncer considerado incurável.

Para deixar sua família em melhor condição após a morte iminente, passa a usar seu conhecimento científico para produzir a própria metanfetamina e, ao lado de um ex-aluno, Jesse Pinkman, constrói seu próprio laboratório para fabricar a mercadoria.

24 horas (2001–2010)

Série protagonizada por Jack Bauer, agente de uma unidade de contraterrorismo. A principal característica da série é a maneira como sua história é contada: cada temporada é formada por 24 episódios, que cobrem as 24 horas de um dia na vida de Bauer, em que ele e seus companheiros devem resolver casos principalmente de terrorismo, ameaças nucleares e ataques cibernéticos.

A partir de Los Angeles, Bauer age, muitas vezes à margem da lei para resolver os casos, sempre correndo contra o tempo para evitar o pior.

Alias (2001-2006)

Série de espionagem que conta a história de Sydney Bristow. A agente trabalhava para agência SD-6, braço oculto da CIA. Após ser recrutada, teve o marido assassinado pela SD-6, que se mostrou uma organização criminosa. Foi contratada pela CIA para enfrentar seu antigo grupo.

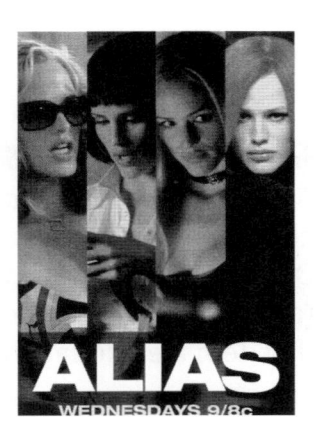

CSI: investigação criminal (2000-2015)

Série dramática focada na investigação forense dos crimes mostrados a cada episódio. Originalmente ambientada em Las Vegas, nos mostra a fundo o trabalho dos cientistas forenses, que usam de instrumentos e técnicas para solucionar crimes. Graças ao seu sucesso, gerou outras séries nos mesmos moldes: *CSI: Miami*, *CSI: NY* e *CSI: Cyber*.

A Super Máquina (1982-1986)

A série tem como protagonista Michael Knight, que pilota um carro Pontiac Trans Am modificado e comandado pela inteligência artificial K.I.T.T., de altíssima tecnologia. Michael se chamava Michael Long e, após combater na Guerra do Vietnã, se tornou um policial. Em um caso de espionagem industrial em Las Vegas é traído por seu parceiro e recebe um tiro no rosto, que fica desfigurado. Quase morto, é resgatado por Wilton Knight, um milionário que comanda a FLAG (Foundation for Law And Government), organização que combate o crime.
Após uma cirurgia plástica, Long recebe um novo rosto e uma nova identidade: Michael Knight.

Missão Impossível (1966–1973; 1988–1990)

Série sobre uma agência secreta do governo norte-americano que executa missões com as quais a CIA e o FBI não poderiam se envolver. Denominada Impossible Missions Force, é comandada por Dan Briggs (temporadas iniciais) e Jim Phelps (temporadas seguintes), e os episódios têm a espionagem como tema principal.

Profissão perigo (1985–1992)

Série de aventura com destaque para o agente secreto Angus "Mac" MacGyver, que opera pela Fundação Phoenix, a partir de Los Angeles, e o

Departamento Governamental de Serviços Externos, para resolver missões de alta periculosidade.

Após lutar no Vietnã, onde era agente antibombas, MacGyver atua em suas missões com um pensamento antibelicista, então não usa armas de fogo ao longo das temporadas. Para resolver as dificuldades, o protagonista usa a ciência, improvisação e lógica para transformar itens comuns em ferramentas que possam ajudá-lo a solucionar as situações de perigo.

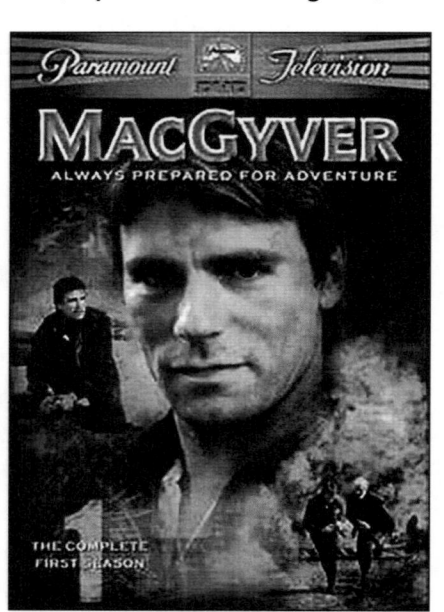

Humor

Os Simpsons (1989-Atualmente)

Primeiro desenho no horário nobre dos EUA, no canal Fox, *Os Simpsons* já entrou para a história da TV e das séries por sua qualidade e longevidade. *Sitcom* feita em forma de animação, conta a história de uma típica família dos EUA e é responsável por muitos dos grandes momentos da TV mundial.

A série foi criada por Matt Groening, cartunista e roteirista norte-americano. Groening rascunhou o que seria sua família em uma pequena sala onde aguardava para falar com o produtor de TV James Brooks, que havia encomendado ao cartunista uma família para estrelar uma animação.

Groening, famoso pela tira de jornal *Life in Hell*, criou curtas dos *Simpsons*, que faziam parte de outro programa, *The Tracey Ullman Show*, no final da década de 1980. Com o sucesso dos "amarelos", ganhou seu próprio horário.

Os Simpsons é uma paródia do estilo de vida norte-americano, de sociedades de várias partes do mundo, da TV e de elementos da vida humana comum. A série se passa na cidade fictícia de Springfield, EUA, e, além de contar histórias sobre um amplo número de personagens, faz toda uma sátira do que há de famoso no mundo.

O pai, Homer, é o estereótipo do estadunidense médio, um sujeito glutão, alcoólatra e preconceituoso, mas que se preocupa em manter sua família a todo custo ao trabalhar em uma usina nuclear. A mãe, Marge, é uma senhora que tenta manter a

Para que lado?

Onde exatamente fica Springfield, cidade de *Os Simpson*? No desenho, não há referências por mapas e o nome foi escolhido justamente para não haver um local definido, já que os Estados Unidos possuem 121 cidades com o nome Springfield.

unidade de sua família apesar das situações bizarras e extremas que deve enfrentar, principalmente causadas por seu marido. O filho mais velho, Bart, é um travesso garoto que deixa seu pai louco e frequentemente atormenta os demais membros de sua família e amigos de escola.

A família ainda tem a filha do meio, a garota Lisa, inteligente e engajada em diversos temas, que gosta de música e sempre defende seus ideais com convicção. Por fim, a filha mais jovem, a bebê Maggie, que apesar de não falar por causa da idade, tem uma grande capacidade de se comunicar e é inteligente como sua irmã.

A série não explora somente a família protagonista, mas todos aqueles que vivem em Springfield, cidade onde os personagens são usados para exemplificar a sociedade moderna e seus respectivos problemas e desafios. Aí está muito de sua riqueza.

Suas viagens pelo mundo para satirizar os estereótipos de outros povos também são famosas, assim como a questão do meio ambiente, a política dos EUA e as religiões também são temas recorrentes.

Friends (1994–2004)

A icônica *sitcom* se tornou uma referência da cultura norte-americana e impactou o mundo das séries até o seu último episódio – que foi a 4ª *series finale* mais assistida da história da televisão.

Sem grandes pretensões, o enredo mostra o cotidiano de seis amigos nos altos e baixos da vida adulta em Nova York. Ross, Rachel, Monica, Chandler, Joey e Phoebe são frequentadores assíduos do famoso café Central Perk, que, aliás, é o local onde grande parte dos desdobramentos da série acontece, pois ali os personagens conversam, brigam, paqueram, tomam as grandes decisões de suas vidas, assim como qualquer grupo de amigos.

Essa simplicidade pode ser lida como um dos fatores que levou a série a um sucesso inimaginável, uma vez que o público se identifica com o dia a dia dos personagens, que passam por diversas fases da vida tal qual o desemprego, corações partidos, relacionamentos frustrados, traições, filhos e até mesmo a perda de entes queridos. Durante os seus dez anos de exibição, *Friends* cresceu junto a uma geração e foi capaz de influenciar as que vieram depois de seu sucesso.

South Park (1997—Atualmente)

Ácida animação que satiriza diversos elementos da cultura americana e mundial. Sociedade, mídia, entretenimento e diversos outros temas são criticados e alvos de seu humor sombrio. Nela, os habitantes de South Park, principalmente quatro amigos ainda crianças: Stan, Kyle, Eric e Kenny, vivem situações bizarras e extremas.

Muito de seu sucesso vem da coragem de criticar ou levantar questões polêmicas, como religião, sexualidade, drogas, consumismo, família e muitas outras, além das famosas aparições de celebridades.

Uma família da pesada (1999-2002)

Subversiva e irreverente, *Uma família da pesada* é uma série com situações muitas vezes inusitadas. A animação retrata as histórias de uma família de classe média, os Griffin: o pai, Peter, um chefe de família alucinado, Lois, a mãe que tenta manter as coisas em ordem, os filhos Meg (a mimada), Chris (o preguiçoso) e Stewie (um bebê com traços adultos), além do cão da família, o inteligente e falante Brian.

Os Griffin vivem na fictícia Quahog, Rhode Island, onde passam por situações de humor baseadas em elementos da cultura norte-americana.

The Big Bang Theory (2007-Atualmente)

Ambientada em Pasadena, Califórnia, a série gira em torno de um grupo de amigos nerds, que vivem momentos repletos de referências ao mundo pop e geek. Com muito humor, há situações da vida cotidiana, com os personagens em seus empregos na universidade e seus envolvimentos amorosos, e suas atividades específicas de nerd, como videogames e convenções de quadrinhos.

Os protagonistas são o físico teórico Sheldon Cooper, o físico experimental Leonard Hofstadter, o engenheiro aeroespacial Howard Wolowitz, o astrofísico Rajesh Koothrappali, a neurocientista Amy Farrah Fowler, a microbióloga Bernadette Rostenkowski e a atriz Penny.

Sheldon e Leonard vivem juntos e recebem Howard e Rajesh para seus jogos de RPG e videogames, até que Penny passa a ser sua vizinha e muda a vida deles.

Eureka?

A expressão "bazinga", usada por Sheldon Cooper, interpretado por Jim Parsons em *The Big Bang Theory*, era originalmente dita por um dos escritores da série, Stephen Engel, na sala dos roteiristas.

Community (2009–2015)

Série cômica que se passa na Universidade Comunitária de Greendale, em Denver, Colorado. Os episódios mostram o cotidiano de um grupo de estudantes, principalmente de Jeff Winger, um advogado que voltou ao ensino superior graças à invalidação de seu diploma de Direito no mesmo estado da universidade.

Na faculdade, passa a conviver com outros alunos, como Britta Perry, que também quer reorganizar sua vida; Pierce Hawthorne, um milionário que não possui ensino superior; Abed Nadir, um estudante de cinema; Annie Edison, uma jovem nerd; o professor de espanhol Ben Chang e outros personagens hilários.

Série negativa

O portal de cinema Rotten Tomatoes é uma espécie de repositório de críticas e análises de produtos do entretenimento, como filmes e séries. Críticos especializados e pessoas comuns podem postar suas análises, e o portal, por sua vez, confere uma nota em forma de média ao que é analisado, tornando-se uma espécie de "termômetro" do que é bom ou ruim para quem visita o Rotten Tomatoes. A seguir, você confere as vinte piores séries segundo as notas dadas pelos usuários do portal.

1. *The Kennedys: after Camelot*
2. *Hunters*
3. *Saint George*
4. *As panteras (2011)*
5. *Dads*
6. *We are men*
7. *Work it*
8. *Dr. Ken*
9. *I hate my teenage daughter*
10. *Hank*
11. *Betrayal*
12. *Rosewood*
13. *Allen Gregory*
14. *Friends from college*
15. *Rob*
16. *Damien*
17. *Truth be told*
18. *Ironside*
19. *Punho de ferro*
20. *Mulaney*

Uideogame

Introdução

ós rimos com um bom filme de comédia, viajamos para um mundo fantástico quando lemos um livro e nos lembramos de alguém querido ao escutar uma música especial. Há várias formas, portanto, de se divertir, sonhar e se emocionar. Porém, há uma maneira única que o ser humano criou para ter sensações incríveis e passar o tempo ao lado de personagens também incríveis como os do cinema, com histórias empolgantes vistas em livros e trilhas sonoras inesquecíveis que provocam diferentes emoções, tudo isso em um só lugar e ainda com a vantagem de poder estar no controle. Estamos falando dos videogames.

Nascidos da necessidade de exemplificar o uso de computadores, os jogos eletrônicos se tornaram um dos passatempos preferidos da humanidade e uma indústria que movimenta bilhões em dinheiro, além de serem responsáveis por algumas das produções intelectuais mais importantes do homem.

Nos jogos de videogame, com gráficos e sons que os tornam cada vez mais realistas, é possível ser um fuzileiro espacial, um encanador que deseja resgatar sua princesa ou, ainda, o piloto dos carros mais rápidos, entre muitas outras possibilidades.

Que tal então conhecer como foi sua história, do *Pong* aos esportes eletrônicos? Prepare-se para uma viagem incrível.

linha do tempo

1955

Os militares americanos criam *Hutspiel*, o jogo que dá início ao gênero de guerra nos videogames.

1958

O físico William Higinbotham cria um jogo de tênis em um osciloscópio. O game se tornaria a inspiração para *Pong*.

1962

Steve Russell lança *Spacewar!*, que se tornaria febre anos mais tarde nos Estados Unidos.

1966

Ralph Baer desenvolve o conceito de rodar videogames em um televisor. No ano seguinte, o engenheiro lançaria o protótipo de videogame Brown Box.

1972

Lançamento de *Pong*, o lendário game de pingue-pongue. No mesmo ano, é criado o Magnavox Odyssey, considerado o primeiro console para televisão.

1974

Maze Wars é lançado, inaugurando o gênero de tiro em primeira pessoa.

1977

Lançamento do Video Computer System, popularmente conhecido como Atari 2600.

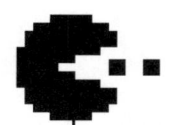

1979
A companhia Mattel cria o videogame Intellivision.

1980
Lançamento do clássico *Pac-Man*, criado por Toru Iwatani.

1981
Donkey Kong, da Nintendo, é lançado. Nesse game, o personagem Mario aparece pela primeira vez nos videogames.

1984
Alexey Pajitnov, um matemático russo, cria o puzzle *Tetris*.

1987
O desenvolvedor Shigeru Miyamoto lança *The legend of Zelda*. No mesmo ano, é criado o primeiro game da franquia de RPG *Final Fantasy*.

1989

Lançamento do Game Boy, da Nintendo.

1991

Sega lança *Sonic The Hedgehog* para o Mega Drive.

1993

O sistema de classificação etária dos jogos eletrônicos é criado nos Estados Unidos após a polêmica com o violento *Mortal Kombat*. No mesmo ano, *Doom* é lançado.

1994

A companhia Blizzard lança *Warcraft: Orcs And Humans*.

1995

Lançamento do console PlayStation nos Estados Unidos pela Sony. Ainda nesse ano, é criado o videogame Saturn, da Sega.

1996

Tomb Raider é lançado, apresentando a icônica Lara Croft. No mesmo ano, é criado o primeiro jogo de *Pokémon*, para o Game Boy.

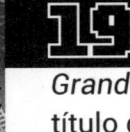

1997

Grand Theft Auto, o primeiro título da famosa franquia, é criado pela Rockstar North.

2000

Lançamento do simulador da vida real *The Sims*, de Will Wright.

2001

A companhia Microsoft cria o console Xbox. Em 2005, seria lançada a versão 360.

2003

Criação da Steam, plataforma de jogos desenvolvida pela Valve.

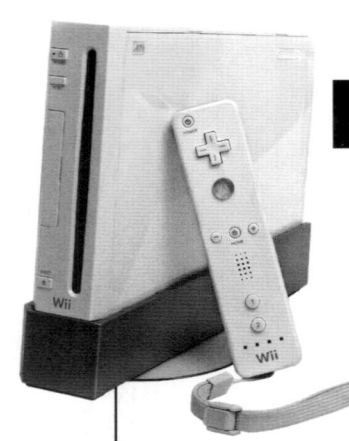

2004

Lançamento do portátil Nintendo DS. Dois anos mais tarde, a companhia lançaria o console Nintendo Wii.

2006

A Sony lança o console PlayStation 3.

2007

A popular franquia musical *Rock Band* é inaugurada.

2009

Angry Birds, popular game de celular, é lançado. No mesmo ano, a Riot Games cria *League Of Legends*.

2010

Markus Persson cria o bem-sucedido *Minecraft*.

2013

Lançamento de *The Last Of Us*, game popular por sua abordagem complexa em termos de história.

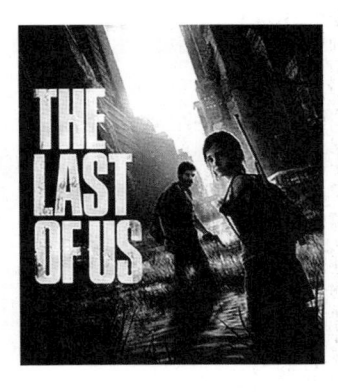

2016

Criação de *Pokémon GO*, game de realidade aumentada que se tornou sucesso mundial.

2017

Lançamento do console Nintendo Switch.

Curiosidades

O mouse do Super Nintendo

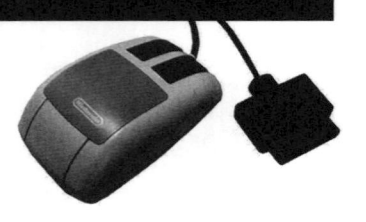

A Nintendo, acredite ou não, lançou em 1992 um mouse para o console Super Nintendo. Chamado de Super NES Mouse, o periférico foi concebido para o game *Mario Paint*, no qual o jogador podia desenhar e criar músicas no universo da franquia *Mario*. Mais tarde, outros títulos seriam lançados com suporte para esse dispositivo, entre eles *Jurassic Park, Terminator 2: judgement day* e *Wolfenstein 3D,* o que demonstra uma frutífera vida útil que se estenderia até o Super Game Boy.

E esse tal de Sheng Long?

Os fãs da franquia de luta *Street Fighter* certamente conhecem a lenda de Sheng Long. Tudo começou em Street Fighter II, quando o jogo anunciava em determinado momento que era preciso "derrotar Sheng Long para ter uma chance". O fato é que ninguém nunca encontrou o tal personagem no game, o que deixou vários jogadores intrigados. Descobriu-se, por fim, que tudo não passou de um equívoco na tradução da frase, que na verdade dizia que era necessário "usar o golpe do dragão para ter uma chance". Contudo, a revista *EGM* aproveitou o erro para inventar uma brincadeira de 1º de abril, lançando uma matéria que "ensinava" a desbloquear tal personagem. O furor causado pela publicação foi tamanho que a Capcom acabou por lançar Sheng Long em *Super Street Fighter IV* sob o nome de Gouken.

Mario armado

Nos desenhos iniciais de planejamento de *Super Mario Bros.*, o personagem principal utilizava uma nuvem para se locomover pelo cenário e usava como arma nada menos que um... rifle. Consegue imaginar o Mario atirando em um pobre goomba?

Diablo do bem

No último estágio do game original da franquia *Diablo*, ouvimos a voz gutural do mestre dizendo coisas incompreensíveis que dão frio na espinha. Porém, se você rodar o áudio ao contrário, descobrirá que o macabro chefão do jogo diz nada menos que "coma seus vegetais e escove os dentes depois de cada refeição". Pode deixar, Diablo!

Creepers por acidente

Se os Creepers de *Minecraft* parecem estranhos para você, há uma boa razão para tal: eles não foram planejados para ter a aparência que têm. O plano original era criar porcos, mas as medidas erradas na programação resultaram nessas curiosas criaturas, que acabaram por agradar ao criador do game, Markus Persson.

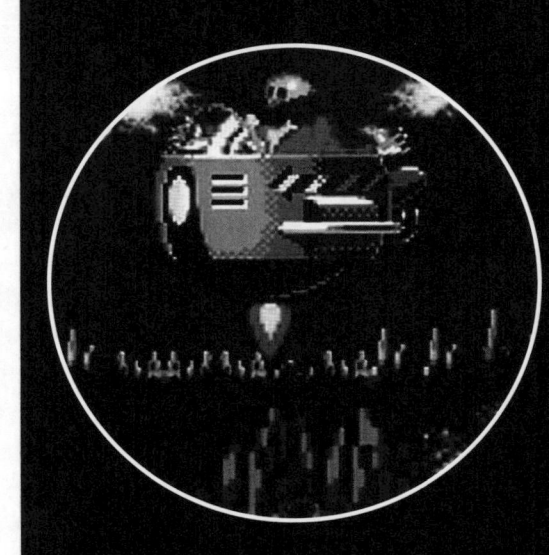

Robotnik, um herói?

Robotnik, o famoso adversário do Sonic, quase se tornou o protagonista da franquia. O ruivo foi cogitado como mascote da SEGA em 1990, no lugar do personagem Alex Kidd, mas o porco-espinho acabou levando a vaga de estrela principal. Como os criadores de Robotnik não queriam desperdiçar sua figura, conferiram ao personagem traços mais malvados e deram a ele o posto de vilão da série.

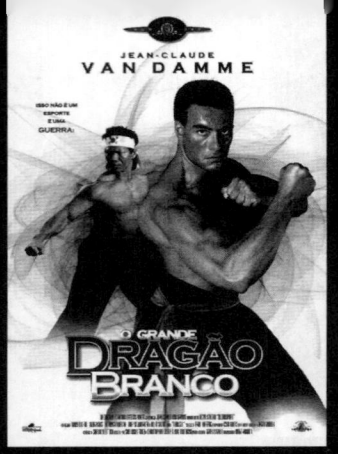

Van Damme e Johnny Cage

No game original da franquia *Mortal Kombat*, a ideia primária foi não só basear-se no filme *O grande dragão branco* (1988), mas também capturar os movimentos de seu protagonista, Jean-Claude Van Damme, e dos demais participantes do longa-metragem para gerar os personagens. A agenda cheia do astro belga inviabilizou o projeto, mas a inspiração cinematográfica ainda pode ser vista no personagem Johnny Cage. O lutador traz em seu nome as mesmas iniciais do ator – J e C – e apresenta vestes parecidas com as do personagem de Van Damme no filme.

Mas é *Resident Evil* ou *Biohazard*?

Você já deve ter reparado que a franquia *Resident Evil* também atende pelo nome de *Biohazard*. A razão é simples: *Biohazard* é o nome pelo qual a franquia é chamada no Japão. No Ocidente, foi necessário dar outro título à série para evitar problemas com direitos autorais, já que havia não só um game para Mega Drive chamado *Bio-Hazard Battle* como também uma banda de rock com o nome da série de *survival horror*. *Resident Evil* foi, portanto, o título alternativo escolhido após um concurso promovido entre os membros da Capcom.

Pac-Man, inspirado na gastronomia

Toru Iwatani, o criador de *Pac-Man*, teve a ideia de fazer o personagem quando saiu com os amigos para comer uma pizza e observou o formato dela após um dos companheiros ter arrancado uma fatia.

Silent Hill existe?

A misteriosa cidade fictícia de Silent Hill, cenário da franquia homônima que assombrou uma legião de jogadores ao redor do mundo, é inspirada em um local que realmente existe: Centralia, situada na Pensilvânia (Estados Unidos). A cidade foi evacuada em decorrência de um incêndio que, ao atingir uma mina de carvão, fez com que ela emitisse gases tóxicos na superfície − efeito que deu ao local a atmosfera nebulosa que é a marca registrada de Silent Hill.

Os fantasmas de Snake

Metal Gear Solid é reconhecido por suas inúmeras contribuições ao universo dos games, como a inovadora inteligência artificial dos inimigos, mas você sabia que ele inclui até mesmo um toque de horror? Isso porque, quando Snake utiliza a câmera, pode tirar fotos de fantasmas. Ao todo, há 42 espíritos vagando por *Metal Gear Solid*, e todos correspondem aos membros da equipe de desenvolvimento do game.

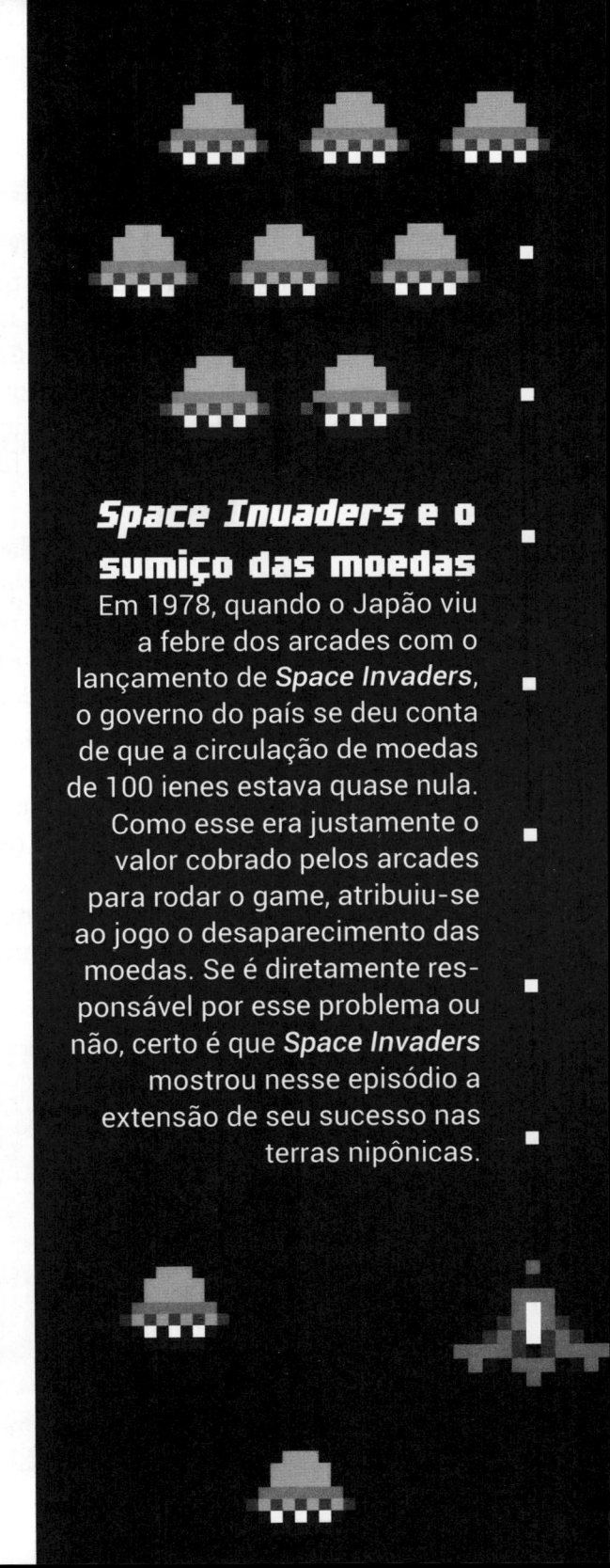

Space Invaders e o sumiço das moedas

Em 1978, quando o Japão viu a febre dos arcades com o lançamento de *Space Invaders*, o governo do país se deu conta de que a circulação de moedas de 100 ienes estava quase nula. Como esse era justamente o valor cobrado pelos arcades para rodar o game, atribuiu-se ao jogo o desaparecimento das moedas. Se é diretamente responsável por esse problema ou não, certo é que *Space Invaders* mostrou nesse episódio a extensão de seu sucesso nas terras nipônicas.

Gran Turismo e o carro mais antigo do mundo

Se você sempre quis saber qual foi o primeiro possante inventado no mundo, pode matar sua curiosidade jogando *Gran Turismo 4*. O game da famosa franquia de corrida traz o Mercedes-Benz Patent Motor Wagon, lançado em 1886 e considerado o primeiro veículo de funcionamento por motor.

O *bug* que deu origem a GTA

Parece estranho pensar que uma das franquias de videogame mais populares da atualidade nasceu de um erro, mas foi essa a origem de *Grand Theft Auto*. No processo de desenvolvimento do jogo *Race'n'chase* pela Rockstar North – na época, intitulada *DMA Design Limited* –, um *bug* no game de perseguição entre polícia e ladrão fazia com que as viaturas investissem com uma dose extra de violência contra o carro dos bandidos – erro que não só transformou a dinâmica do jogo, que trocou de nome para *GTA*, como se tornou uma das mecânicas fundamentais da série.

Zelda: uma inspiração da infância

Shigeru Miyamoto, conhecido como o padrinho dos videogames, afirmou que durante sua infância, na cidade de Quioto, no Japão, seu passatempo favorito era explorar as cavernas, as florestas e os campos do local. Tais experiências foram a base da criação de *The Legend of Zelda*, considerada uma das maiores franquias da história dos jogos eletrônicos.

BioShock nas estrelas ou entre os nazistas?

O conceito original do game *BioShock* previa que a história se desen-
rolasse em uma estação espacial desocupada. Quando a ideia foi dei-
xada de lado, os desenvolvedores do game refletiram sobre a possibilidade de utilizar como cenário uma ilha deserta ou uma base submarina
habitada por nazistas. Tais ideias, por fim, sucumbiram ao conceito de
Rapture, a cidade do fundo do mar inspirada na realidade opressiva da
obra literária *A revolução dos bichos* (1945), de George Orwell.

Kratos azul

Kratos, o protagonista de *God Of War*, foi concebido originalmente para
possuir marcas azuis no corpo. No entanto, quando um fã observou
que tal aparência fazia o personagem parecer um bárbaro do game
Diablo II, a cor vermelha foi adotada no lugar.

Final Fantasy e seu quase fracasso

Atualmente, *Final Fantasy* é considerada
uma das franquias de games mais bem-
-sucedidas de todos os tempos, mas
quem viu o título original da série jamais
pensaria que tal feito seria alcançado.
Isso porque, quando seu primeiro jogo
foi lançado, ao final dos anos 1980, tudo
o que se via era uma infinidade de *bugs*,
uma história confusa e a constante possibilidade de morrer devido aos *saves*
feitos em áreas com inimigos poderosos
demais que não davam a chance de escapar. Além disso, havia ainda a polêmica
de o game inspirar-se, digamos, em de-
masia nos elementos do RPG *Dungeons
& Dragons*, o que abrangia desde monstros até o sistema de magias. Nada como
um jogo após o outro, não?

Nintendo

A gigante dos videogames Nintendo foi fundada em 23 de setembro de 1889 por Fusajiro Yamauchi, com o nome de Nintendo Koppai. A empresa nasceu para produzir Hanafuda, um jogo de cartas popular no Japão. Em 1929, Fusajiro se aposentou e passou o comando para seu genro, Sekiryo Kaneda. Em 1933, a empresa passou a se chamar Yamauchi Nintendo & Co., com uma nova sede, ao lado do local original.

A empresa se expandiu, mas em 1949 Sekiryo sofreu um derrame fatal. Antes de morrer, transferiu o comando da empresa para seu jovem neto, Hiroshi Yamauchi, que ficaria no posto até se aposentar, em 2002. Hiroshi foi responsável por diversificar os negócios da empresa, com a aquisição de uma frota de táxis e uma rede de hotéis. Hiroshi mudou a sede mais uma vez, em 1951, e rebatizou a empresa para Nintendo Karuta.

Hiroshi Yamauchi fez um acordo com a Disney para produzir cartas com personagens da empresa norte-americana. Esse acordo aproximou a companhia do Ocidente, o que a fez mudar de nome, em 1969, para Nintendo Company e possibilitou que entrasse em um ramo novo, o dos videogames.

A primeira experiência foi uma parceria com a Magnavox para comercializar o videogame Odyssey. Mesmo sem muito retorno, a Nintendo investiu nos games.

Em 1977, entrou para a empresa aquele que mudaria a Nintendo e o mercado: Shigeru Miyamoto, responsável por algumas franquias da empresa, nomes que se confundem com a própria Nintendo, como *The Legend of Zelda*, *Mario*, *Star Fox*, *Donkey Kong* e *Metroid*.

Graças à participação da Nintendo, o mercado de games foi salvo da crise de 1983. Desde então a empresa é um dos nomes mais importantes do mercado e referência do que há de mais inovador no ramo, com uma legião de fãs de seus consoles e jogos.

Mario Bros.

Personagem criado por Shigeru Miyamoto, Mario é mascote da Nintendo e considerado o nome mais importante da história dos videogames, com participação em mais de 200 jogos diferentes e símbolo da recuperação do mercado de games na década de 1980.

Mario apareceu pela primeira vez no jogo *Donkey Kong*, de 1981. No jogo, um gorila aprisiona no alto de um prédio uma moça chamada Pauline. Cabe ao protagonista do jogo, um pequeno homem chamado Jumpman, salvá-la. Diz a lenda que a Nintendo não conseguiu obter o direito de uso do desenho *Popeye*, então os personagens foram substituídos pelos que aparecem no jogo: Brutus pelo gorila, Olívia Palito por Pauline e Popeye por Jumpman.

Na época, a tecnologia limitada impediu os programadores de fazerem uma boca para o personagem principal; assim o nariz do personagem foi aumentado e um bigode inserido para substituir a boca. O personagem voltaria a protagonizar jogos, mas com um nome diferente. Um dos funcionários da Nintendo associou Jumpman ao senhorio italiano do escritório da Nintendo em Nova York, chamado Mario Segale. A partir de *Donkey Kong*, Mario ficou cada vez mais famoso.

Mario é um encanador italiano (sua profissão só foi definida após os primeiros jogos e está associada aos encanamentos em que o personagem entrava para viajar entre as fases) que mora no Reino dos Cogumelos e que se aventura para salvar a Princesa Peach, constantemente raptada pelo vilão Bowser e seus comparsas. Com a ajuda de seu irmão Luigi, do dinossauro Yoshi e de outros aliados, cada jogo de Mario é uma nova experiência, mas com a mesma essência que marca sua trajetória desde que era Jumpman.

Half-Life e as modificações

Half-Life, jogo de tiro em primeira pessoa criado pela Valve, é uma das franquias mais importantes da história dos videogames. Nele, o jogador assume o papel do físico teórico Gordon Freeman, que trabalha no complexo tecnológico Black Mesa e é obrigado a sobreviver a uma situação extrema. Graças a um acidente em um reator, abre-se no local um portal para outra dimensão, que traz criaturas para o planeta Terra.

Lançado em 1998, o jogo foi extremante elogiado por sua contribuição tecnológica, por seus desafios inteligentes e combates emocionantes, somente superado por seu sucessor, *Half-Life 2*, de 2004.

Além de sua contribuição técnica e experimental para os games, *Half-Life* é importante também quando o assunto é modificação de jogos. A partir de seu motor – ou *engine*, software responsável pela parte técnica do jogo, como os gráficos, a física, o som e a jogabilidade –, outros desenvolvedores criaram produtos até hoje conhecidos no meio e que deram o pontapé para a criação dos mods, ou modificações.

A partir de *Half-Life* nasceram *Team Fortress*, *Day of Defeat* e *Counter-Strike*, um dos maiores nomes dos esportes eletrônicos atuais.

Tetris

O puzzle mais famoso dos videogames foi criado na União Soviética em junho de 1984 pelo cientista russo Alexey Pajitnov, na Russian Academy of Sciences. *Tetris* nasceu a partir de um antigo jogo grego chamado *Pentominoes*, cujas peças eram formadas por cinco quadrados dispostos de maneiras diversas. Já o jogo criado por *Pajitnov*, cujas peças possuem quatro quadrados em cada, foi batizado de *Tetris*, que em grego significa "quatro".

O jogador é desafiado a empilhar as peças que caem e vão se acumulando, antes que o amontoado toque o topo da tela. O jogo ficou mundialmente conhecido após a queda da URSS, quando a Nintendo passou a comercializá-lo no Japão.

The Legend of Zelda

Além de *Mario*, Shigeru Miyamoto também é responsável por outra franquia de enorme importância: *The Legend of Zelda*. Inspirado em sua infância na cidade japonesa de Quioto, Miyamoto transformou sua exploração de cavernas, lagos e florestas locais nas aventuras vistas no jogo.

Link, o protagonista, foi criado com base em um de seus personagens favoritos, Peter Pan. Já o nome da outra protagonista, a princesa Zelda, veio da romancista Zelda Fitzgerald, esposa do escritor Francis Scott Fitzgerald.

A estreia da franquia foi no clássico videogame da Nintendo, o NES. Desde então, a lenda da princesa e seu protetor foi lançada para diversas plataformas seguindo sempre a mesma premissa: é preciso usar o poder da Tri-Force (as forças que criaram o mundo de Hyrule) contra as forças do mal que desejam conquistá-la.

Minecraft

Jogo de mundo aberto composto de blocos que podem ser manipulados pelo jogador na exploração de recursos, na construção de estruturas ou na manutenção da vida do personagem. Criado por Markus "Notch" Persson, o jogo foi amplamente premiado pela liberdade de criação que proporciona ao jogador. Mesmo com gráficos aquém dos mais avançados da época, se tornou famoso por sua jogabilidade e mecânica de jogo.

Primeira fase

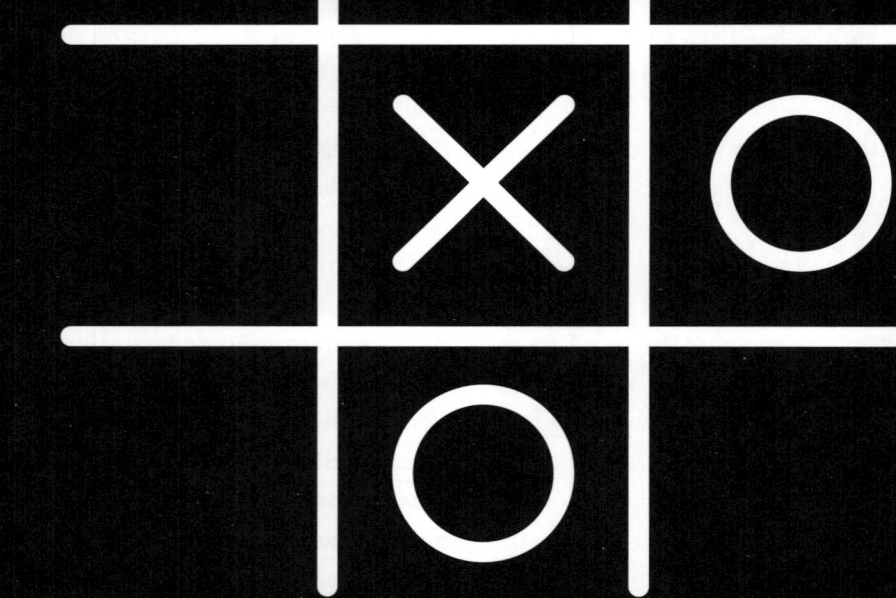

O desenvolvimento computacional avançou consideravelmente após a Segunda Guerra Mundial, com investimento em novas tecnologias que resultaram nos primeiros computadores eletrônicos, como o Univac. No entanto, graças ao seu alto valor, os computadores estavam limitados a governos, instituições acadêmicas e forças militares.

No início, havia dificuldades na computação inerentes ao desenvolvimento de qualquer tecnologia, e uma das principais era a interação de software e hardware com o usuário. Então, os jogos foram a maneira mais fácil que os desenvolvedores de computadores e de suas tecnologias encontraram para demonstrar aos usuários a qualidade e as funções de seus produtos, já que isso era bem difícil e eles eram tão caros.

Começou então a era dos protojogos, programas bastante simples, mas que simulavam a interação entre humanos e computadores. O primeiro jogo propriamente desenvolvido foi *Bertie the brain*, criado pelo engenheiro Dr. Josef Kates em Toronto, Canadá. O game nada mais era que um jogo da velha, no qual a Inteligência Artificial era capaz de responder às escolhas jogador. Na esteira da criação desses primeiros jogos estão *Nimrod* (1951), que simulava o jogo matemático *Nim*, *OXO* (1952), outro jogo da velha, *Tennis for two* (1958), uma partida de tênis com um ponto em movimento enquanto dois jogadores movimentavam dois retângulos na tela, um de cada lado, criado pelo físico William Higinbotham para entreter os visitantes do Laboratório Nacional de Brookhaven.

Nos anos 1960, continuou o avanço eletrônico dos videogames. O tamanho e o peso das grandes máquinas mudariam com o desenvolvimento dos transístores, que distribuíram melhor a energia e permitiram a miniaturização dos componentes como um todo. Mais jogos foram criados, como *Mouse in the maze* (jogo em que um rato deve escapar de um labirinto) e *Tic-tac-toe* (nova versão do jogo da velha).

Nessa época surgiu *Spacewar!* (1962), desenvolvido pelo engenheiro Steve Russell e por alguns amigos do Instituto de Tecnologia de Massachusetts. *Spacewar!* é um jogo com duas naves na tela que arremessavam projéteis. Considerado o primeiro game para um computador, serviu de inspiração para outros programadores desenvolverem seus próprios produtos.

A popularização dos videogames havia começado: pessoas se interessariam, empresas investiriam montantes de dinheiro, momentos quase a destruiriam, mas, no fim, os videogames chegariam ao século XXI como uma das indústrias mais ricas do mundo, não somente em dinheiro, mas também em ideias. Essa história é contada ao longo de gerações, cada uma com seus expoentes e suas respectivas contribuições.

1ª geração (1972–1977)

Principais videogames: Color TV Game, Odyssey Magnavox, *Pong* e Telstar

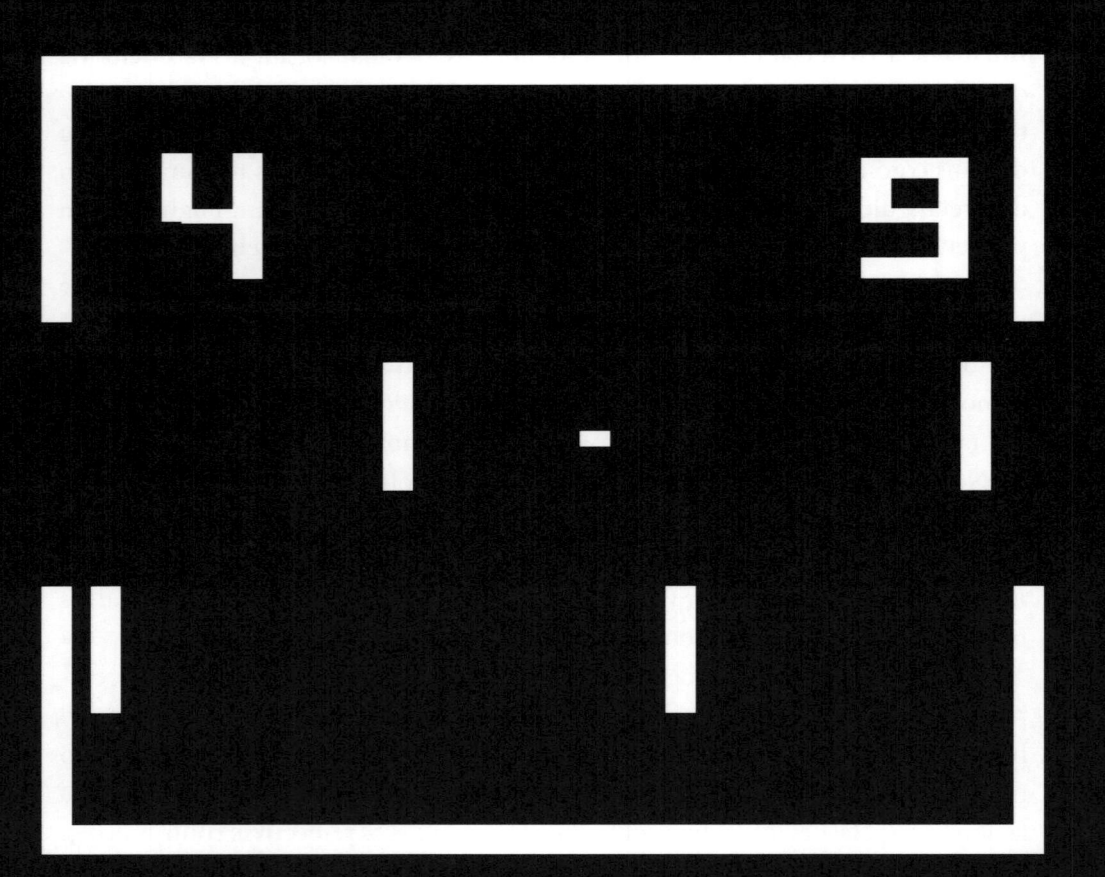

Os primeiros aparelhos que podem ser considerados videogames não continham cartuchos, pois eram consoles com apenas um ou poucos jogos em sua memória. Para trocar de jogo, era necessário mudar de dispositivos no aparelho, chamados *jumpers*. No início, os jogos eram simples, formados por poucos pontos na tela e movimentos limitados. Os controles, conhecidos como *paddles*, eram formados por uma rota que direcionava os comandos do jogador.

Nolan Bushnell, engenheiro norte-americano, teve vontade de desenvolver jogos no final dos anos 1960 em seu país. Deixou seu emprego na época para criar, em 27 de junho de 1972, a Atari. Junto com Al Alcorn e Ted Dabney, desenvolveu um aparelho capaz de rodar o jogo *Pong*. No entanto, sua maior ideia não foi o jogo em si, mas sua capacidade de conseguir dinheiro com a nova invenção. Foi o momento em que o videogame deixou os grandes polos científicos ou prédios militares para entrar na vida das pessoas comuns.

A máquina da Atari ofereceria uma partida ao jogador que inserisse uma moeda. Colocado em um bar, esse arcade foi um sucesso imediato. A máquina só parava de funcionar quando não havia mais espaço para moedas. Nascia aí o conceito de monetização dos jogos, uma maneira de manter a Atari viva. Um ano depois, havia dez mil máquinas espalhadas pelos Estados Unidos.

Então, a Atari não parou mais. Com o sucesso, os desenvolvedores da empresa criaram a versão doméstica de *Pong*, um aparelho capaz de se conectar a TVs. O grande desafio da Atari surgiu quando a varejista norte-americana Sears encomendou 150 mil aparelhos antes do Natal de 1975. Todos eles não só foram produzidos como também vendidos.

A Atari teve seu console para mostrar que era possível jogar em casa os jogos preferidos, mas ela não foi a primeira a criar um videogame doméstico. O primeiro console, Magnavox Odyssey, foi desenvolvido pelo engenheiro Ralph Baer Henry, que trabalhava com televisores e criou um pequeno computador para rodar seus jogos *Brown Box*, *Chase Game* e *Table Tennis*, semelhante ao *Pong*, de Bushnell.

Ao buscar no mercado por um investidor, Ralph conseguiu um acordo com a Magnavox e, em agosto de 1972, surgiu Magnavox Odyssey. Finalizado em 1971 e licenciado pela Magnavox no ano seguinte, o aparelho não tinha som e usava-se uma folha de acetato na frente da TV, para simular uma textura de gramado.

Era uma época de tecnologia simples, mas suficiente para Ralph Baer Henry, Magnavox, Atari e outras empresas mostrarem um caminho sem volta.

2ª geração (1978–1983)

Principais videogames: Atari 2600, Atari 5200, Epoch Game Pocket Computer, Fairchild Channel F, Magnavox Odyssey², Mattel Intellivision, Milton Bradley Microvision e Nintendo Game & Watch

té então, os jogos faziam parte dos consoles, o que tornava a vida dos aparelhos útil curta, no mesmo formato dos jogos de tabuleiro tradicionais. A segunda geração deu mais um passo importante, com a possibilidade de inserção de novos jogos no mesmo aparelho. O Fairchild Channel F foi o primeiro console que permitiu a troca de jogos, criado pela Fairchild Semiconductor, em 1976.

No entanto, a ideia já estava em curso na Atari com seu Atari 2600. Graças à sua coleção de jogos, incluindo *Enduro*, *Pac-Man*, *Pong*, *Space Invaders*, "Atari" tornou-se sinônimo de videogame. A inovação foi seguida por Mattel e Magnavox, que adicionaram adaptadores em seus consoles, tornando-os capazes de aceitar os jogos do Atari. Esse período é marcado também pelo surgimento dos controles com oito eixos e um botão de disparo.

A Atari foi vendida para a Warner Communications em 1976 por 28 milhões de dólares, uma fortuna para a época. A Warner, uma empresa que não tinha conhecimento de mercado, acabou tomando decisões que geraram conflito os quais afastaram Bushnell da empresa, além de outros funcionários que ajudaram a tornar a Atari importante.

Os funcionários exigiram do CEO da Atari, Ray Kassar, que fossem valorizados por gerar tantos produtos de qualidade para sua empresa. Quatro desses funcionários, Alan Miller, Bob Whitehead, David Crane e Larry Kaplan, sairiam da Atari e fundariam a Activision, em 1979. Sua nova empresa gerou um novo formato para a indústria, pois produziria jogos para outras empresas.

O sucesso do Atari e seus consoles "irmãos" da segunda geração entraria para a história como o primeiro grande boom dos videogames graças à troca de cartuchos e também por gerar sua primeira crise grave, que quase enterrou a indústria dos jogos eletrônicos.

Crise de 1983

A saída de tantos funcionários importantes e decisões equivocadas minaram a qualidade da Atari, que culminou no caso do jogo inspirado no sucesso de cinema *ET*, de Spielberg. Considerado o pior jogo de todos os tempos, *ET* encalhou nas prateleiras e milhões de cópias foram literalmente enterradas em um deserto no Novo México.

Esse foi um dos casos que marcaram a indústria dos videogames entre a segunda e terceira geração. O grande sucesso dos videogames fez com que inúmeras empresas quisessem fazer parte dessa indústria que se tornava cada vez mais forte, tornando a oferta de produtos totalmente desproporcional, a preços irrisórios.

Diversos aventureiros inundaram o mercado com aparelhos e jogos de baixíssima qualidade, distanciando o consumidor dos videogames e associando o produto a falta de qualidade. O público migrou para os computadores pessoais, que estavam se popularizando, e os videogames ficaram encalhados. O resultado? Prejuízo, crise, demissões e falências em série. Os videogames encontraram sua fase mais difícil, mas a reposta veio do Oriente.

No Japão, uma empresa centenária que comercializava o jogo de cartas *Hanafuda* conseguiu em 1974 o direito de comercializar o Magnavox Odyssey em seu país. Assim entrou no mercado de videogames um dos maiores nomes da indústria, a Nintendo. Capitaneada por Hiroshi Yamauchi e contando com a criatividade de Shigeru Miyamoto, cujo primeiro jogo, *Radar scope*, fez um bom sucesso, a Nintendo conseguiu entrar nos EUA.

Miyamoto criou o jogo *Donkey Kong*, cujo protagonista, Jumpman, se tornaria o nome mais importante da história dos games. *Donkey Kong* teve mais de 100 milhões de cópias vendidas. A Nintendo, Miyamoto e Jumpman contribuíram em muito para ressuscitar a indústria dos videogames e mostraram o caminho para a chegada da 3ª geração.

3ª geração (1983–1992)

Principais videogames: Dynavision, Game Boy, Game Gear, Master System, MSX e Nintendo Entertainment System

Era a hora da reviravolta, da retomada da qualidade e da confiança. Capitaneada pela Nintendo, a indústria passou a exigir das empresas que trabalhassem com consoles e jogos com o mínimo de qualidade para não afetar a já combalida credibilidade no mercado.

Para retirar a má reputação que os videogames adquiriram, a Nintendo anunciou a criação de seu Nintendo Entertainment System, o NES, que seria uma central de entretenimento, evitando usar o verdadeiro nome do produto (videogame).

Porém, o golpe de mestre viria mesmo com os jogos e Shigeru Miyamoto tratou de convocar Jumpman, repaginado em 1985 para se tornar Mario, um encanador que deveria salvar uma princesa do malvado Bowser. Mario deu início à era dourada dos jogos de plataforma 2D: a ideia era que Mario estivesse em um mundo fantástico cheio de criaturas, pulasse e tivesse poderes mágicos para fugir dos inimigos e armadilhas.

Além de Mario, o NES seria o nascedouro de outras franquias que manteriam a Nintendo no topo da indústria. Independentemente da geração, *The Legend of Zelda* e *Metroid* seriam exemplos de jogos que teriam o mesmo tema, mas com novas histórias e o que mais a tecnologia pudesse oferecer.

A terceira geração é que deu início ao termo "videogames de XX bits", sendo essa a "geração 8 bits". Houve um salto tecnológico significativo para tornar som e áudio melhores. Outro marco dessa geração é a reformulação dos controles, inserindo os digitais, os "D-pads", além de outros botões.

A Nintendo tinha uma concorrência à altura: a Sega, fundada em 1940, empresa que fabricava jukeboxes e lançou seu primeiro console em plena crise de 1983. Ela sofreu, mas conseguiu se manter para surfar em águas mais calmas em 1985, com seu Master System. Sega e Nintendo formariam a maior rivalidade da história dos games.

4ª geração (1987-1996)

Principais videogames: Mega Drive, Neo Geo, Neo Geo CD, PC Engine/CD (Turbografx-16), Sega 32x, Sega CD e Super Nintendo

A 4ª geração marca a época de ouro dos videogames, quando a indústria alcançou um ponto de qualidade nunca vistto. A geração dos 16 bits foi um período de produção tecnológica e criativa para os jogos, com empresas lutando por cada jogador no mundo.

A geração foi iniciada pela TurboGrafx-16, da Hudson e da NEC Corporation, que fez sucesso ao converter jogos de fliperama para o console doméstico, assim como o Neo Geo e os incríveis jogos de luta da SNK.

Apesar do sucesso dos cartuchos, surgem os primeiros aparelhos com a nova mídia da época, o CD, capaz de armazenar mais conteúdo, melhorando assim imagens e sons, mas com velocidade de carregamento menor.

Porém, o período marca a acirrada disputa entre as japonesas Nintendo e Sega, iniciada com a competição entre Nintendinho e Master System, mas que alcançou o máximo de rivalidade entre os videogames Mega Drive e Super Nintendo, que monopolizaram a indústria na época, sem deixar espaço para os demais consoles.

Em 1988, no Japão, a Sega lançou o Genesis, ou Mega Drive, nos EUA. Junto com o videogame surgiu seu maior mascote, o ouriço azul Sonic, para rivalizar com Mario e o Super Famicon, nome pelo qual também era conhecido o Super Nintendo, lançado em 1990.

Todas as frentes foram usadas para conquistar o jogador. Mesmo os jogos lançados para ambas as plataformas tinham suas diferenças. Um exemplo clássico é o primeiro jogo da série de luta *Mortal Kombat*. A censura menor no Mega Drive por parte da Sega permitiu que a violência vista nos fliperamas fosse recriada no console. Já a Nintendo impediu que os excessos fossem inseridos em sua versão, tornando o jogo de luta mais leve, sem o sangue e as mortes de *MK*. A Nintendo contra-atacou com suas franquias exclusivas, como *Mario* e *Zelda*. Jogo a jogo, console a console, a indústria dos games viu o lado oposto da crise de 1983: jogos de qualidade e sua credibilidade restaurada, tornando o videogame um dos produtos mais desejados por jovens e adultos.

A geração também marcou a disputa entre os portáteis Game Gear, da Sega, e Game Boy, da Nintendo. O primeiro tinha maior processamento técnico, com direito a tela colorida, mas o segundo tinha uma bateria melhor e alguns dos mais importantes jogos dos últimos tempos ao seu lado: *Tetris* e *Pokémon*.

 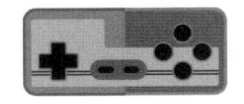  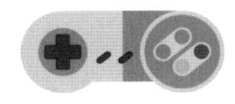

5ª geração (1993–1999)

Principais videogames: 3DO, Atari Jaguar, Jaguar, Neo Geo Pocket, Nintendo 64, PlayStation, Saturn e Virtual Boy

A tecnologia permitiu o surgimento de componentes melhores para o início da quinta geração, abrindo a era dos gráficos 3D.

Essa geração marcou o ato final da Atari na indústria dos games. Em 1994, a empresa arriscou tudo com um console de 64 bits conhecido como Atari Jaguar. O console nada mais era que um videogame defasado de 16 bits com dois processadores de 32 bits que apenas ajudavam a rodar os jogos. O produto não foi páreo para os concorrentes, e o resultado foi 100 mil aparelhos encalhados em prateleiras.

Com o sucesso da geração passada, todos esperavam o que a Sega e a Nintendo tinham para oferecer. A Sega queria continuar no topo e lançou seu Saturn em 1994, um aparelho de respeito com incríveis jogos como *Night into Dreams* e *Virtua Fighter*, jogos da própria empresa. Porém, o golpe fatal ao console veio das desenvolvedoras, que não fabricariam jogos para esse videogame, deixando a coleção de títulos pequena. A desculpa é que o Saturn era um videogame difícil de trabalhar e desenvolver. Com as vendas baixas, a Sega teria de trabalhar no sucessor do Saturn.

A Nintendo trouxe de volta os cartuchos com seu Nintendo 64, que apostava nos gráficos em 3D. O videogame foi muito bem recebido pelo público, com jogos memoráveis como *Mario 64* e *Ocarina of time*, considerado o maior jogo de todos os tempos. Mas, no fim, essa geração foi marcada pela ascensão da Sony e de seu PlayStation ao mundo dos videogames.

O projeto PlayStation foi iniciado e recusado pela Nintendo, que planejava um console com CD. A Sony viu seu aparelho ser colocado de lado para que o Nintendo 64 fosse lançado. No entanto, a empresa japonesa resolveu dar prosseguimento ao projeto e criou um dos nomes mais importantes dos videogames. Em 1993, nasce a Sony Computer Entertainment, responsável pelo setor de games da gigante japonesa.

No final das contas, o PlayStation foi o grande console da geração, com gráficos 3D e ótimas franquias à disposição do público, como *Silent Hill*, *Metal Gear*, *Gran Turismo* e *Resident Evil*.

6ª geração (1998–2004)

Principais videogames: Dreamcast, GameCube, Game Boy Advance, Neo Geo Pocket Color, N-Gage, PlayStation 2 e Xbox

A virada do milênio trouxe mais uma geração de videogames e a perda da classificação por bits, pois alguns consoles não se encaixavam nela. O GameCube, da 6ª geração, por exemplo, tinha um processador 32 bits e não 128 bits, como seria classificado em sua geração.

Esse é um momento importante da história dos games, pois marca a padronização da qualidade dos jogos. Antes, era comum o mesmo jogo ter versões tecnicamente melhores ou piores para videogames diferentes. A partir da sexta geração, os jogos passariam a ser lançados com a mesma qualidade para diversas plataformas, exceto os jogos exclusivos, os grandes trunfos das empresas na hora de vender seus videogames.

O período marca a derrocada da Sega e seu último console, o Dreamcast. Mesmo capaz de oferecer partidas on-line e expansões, tal qual os computadores, sofreu com a falta de jogos e, principalmente, por ser contemporâneo ao videogame mais vendido da história, o PlayStation 2.

A Sony mostrou que não estava para brincadeira e seu segundo console conseguiu (e aumentou) sua importância entre os videogames.

A Nintendo sofreu para manter sua fatia, sempre apoiada em franquias exclusivas, como *Mario Bros.*, *Zelda* e *Kirby*. Seu GameCube voltou a ter a mídia em discos, agora o mini-DVD, mas o console não esteve entre os mais populares.

A geração marcou a entrada da Microsoft na guerra dos consoles, ao lançar seu Xbox. Mesmo sem números expressivos no Japão, a empresa conseguiu se firmar no Ocidente e aprendeu com seus erros para vir mais forte no futuro.

7ª geração
(2004-2011)

Principais videogames: EVO, Nintendo DS, PlayStation 3, PSP, Wii, Xbox 360 e Zeebo

Se antes o mercado era disputado principalmente por Sega e Nintendo, agora entravam em cena dois novos rivais. A Microsoft iniciou a 7ª geração com seu Xbox 360, um console voltado para as partidas multiplayer, impulsionado pela popularização da internet banda larga.

Um ano após seu lançamento, em 2006, a Sony responde com o terceiro PlayStation, que ofereceu ao mercado o sucessor do DVD, o blu-ray. Foi uma disputa intensa, que rendeu aos jogadores games de qualidade em alta resolução. Além disso, os consoles agora tinham outras funções, como possibilitar a navegação na internet e a exibição de conteúdo multimídia.

No entanto, quem fez a alegria dos jogadores no período foi a Nintendo. Sua estratégia foi uma aposta que entraria para a história como uma das maiores sacadas dos videogames. Mais uma vez suas franquias mantiveram os fãs interessados. No entanto, seu maior trunfo nasceu de suas limitações.

Sem ter a pretensão ou condição de produzir um console com o mesmo poder tecnológico da Sony ou da Microsoft, a Nintendo apostou em seu público casual, que não se preocuparia tanto em ter em mãos o jogo de última geração, mas, sim, um título que o divertisse.

Assim, seu esforço tecnológico estava voltado para o controle de seu novo console, o Wii. Com ele, a Nintendo conseguiu toda a atenção para si ao convidar o jogador, seus amigos e família a jogar games simples, mas divertidos.

Usando um controle capaz de reconhecer os movimentos de quem o manipulava, o Nintendo Wii foi uma febre e o grande console da geração. A Sony e a Microsoft quiseram surfar na onda dos controles com sensor de movimento e lançaram o PlayStation Move e o Kinect, respectivamente.

A 7ª geração também é marcada pelo surgimento das lojas virtuais, que ofereceu jogos, expansões e todo tipo de conteúdo direto no videogame, sem intermediários.

8ª geração (2011- Atualmente)

Principais videogames: PlayStation 4, Xbox One, Wii U, Nintendo 3DS, PlayStation Vita, Nintendo 2DS e Nintendo Switch

A 8ª geração, que está em vigor, traz o que há de melhor em tecnologia, com aparelhos que não só fazem seu trabalho de nos trazer os melhores jogos, como são verdadeiras centrais multimídia em alta resolução.

A Sony trouxe ao mercado seu PlayStation 4, enquanto a Microsoft respondeu com o Xbox One. A Nintendo, mais uma vez, teve uma estratégia diferente com seu Switch, um console voltado para a mobilidade.

Essa é uma geração de partidas on-line e de compra de jogos em lojas virtuais, o que prenuncia o fim dos jogos em mídias físicas. Se na geração passada os controles com sensor de movimento foram sucesso, desta vez são os óculos de realidade virtual que tentam um lugar ao sol.

Essa geração também é marcada pela popularização dos esportes eletrônicos, os eSports, jogos especialmente criados para competições entre jogadores e times.

Nos eSports, são formados torneios e organizações, que montam suas equipes de atletas dos games para eventos profissionais de diversos jogos. Os atletas recebem o treinamento de suas organizações e de seus técnicos para enfrentar o circuito profissional de alto rendimento, com premiações cada vez mais altas e partidas, transmitidas pela internet e TV, com legiões de fãs que torcem por suas equipes e jogadores favoritos.

Alguns jogos possuem circuitos profissionais bastante fortes, como o jogo de tiro entre forças policiais e terroristas *Counter-Strike*, a fantasia e magia dos jogos de estratégia em grupo *League Of Legends* e *Dota*, além de franquias famosas dos jogos de luta, como *Street Fighter* e *Tekken*.

Até os anos 2000, as competições de videogame eram formadas por eventos presenciais, como o campeonato de *Spacewar*, em 1972, ou no *Space Invaders Championship*, de 1980, que reuniu 10 mil participantes. Os torneios Nintendo World Championships da década de 1990, organizados pela própria empresa japonesa, também são um dos exemplos de torneios bem-sucedidos. A partir do terceiro milênio, nomes importantes como World Cyber Games e Intel Extreme Masters foram os embriões para torneios multiplayers maiores.

Com a evolução da internet, as competições poderiam ser organizadas on-line. Nascem então as primeiras grandes organizações e seus times, como Fnatic, SK Gaming, Mousesports, entre outras. O passo final da popularização dos eSports foi o desenvolvimento da transmissão das partidas por streaming, ou por vídeo via internet. Assim, ficaria mais fácil para os fãs acompanharem seus ídolos e times em suas competições.

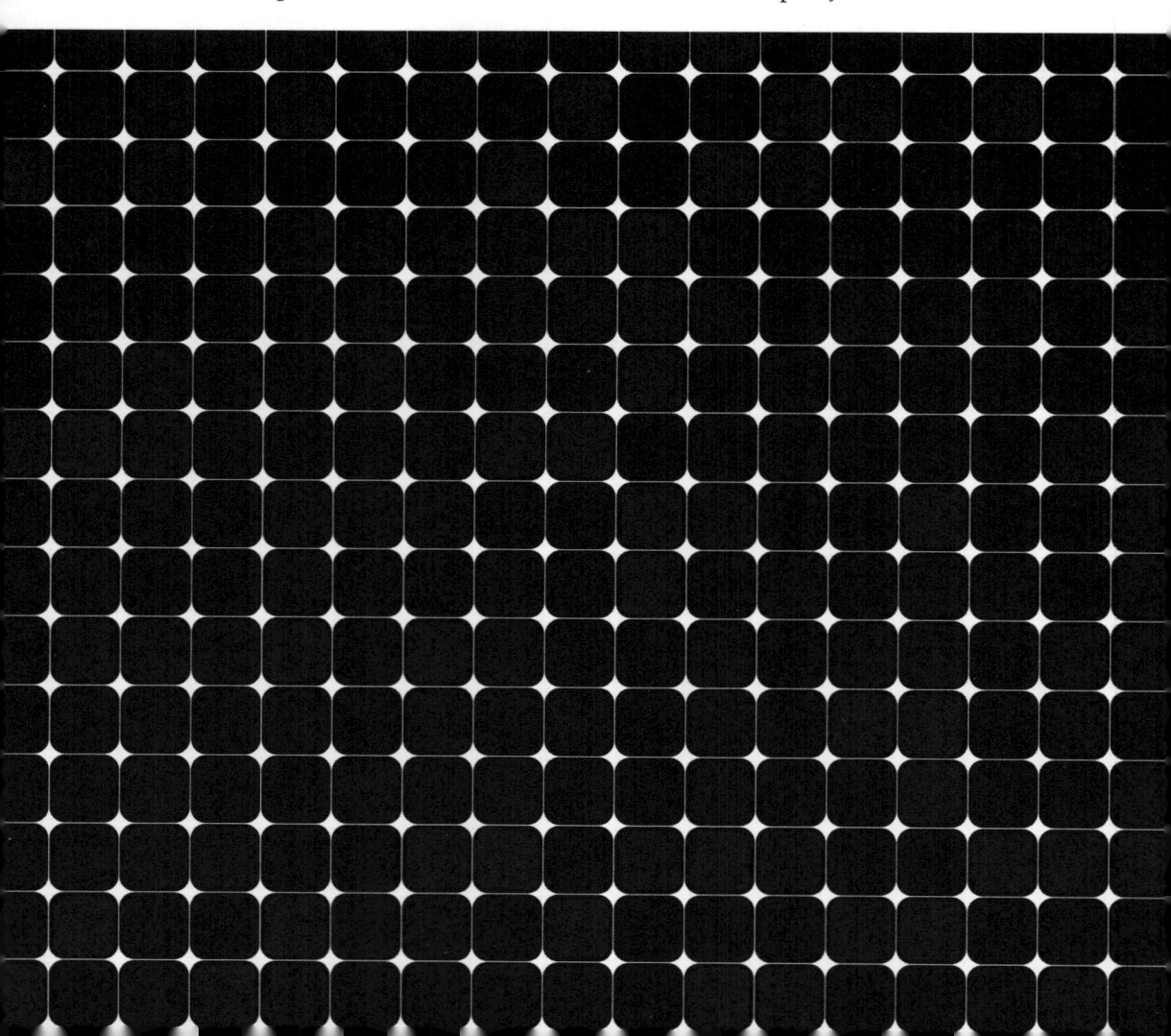

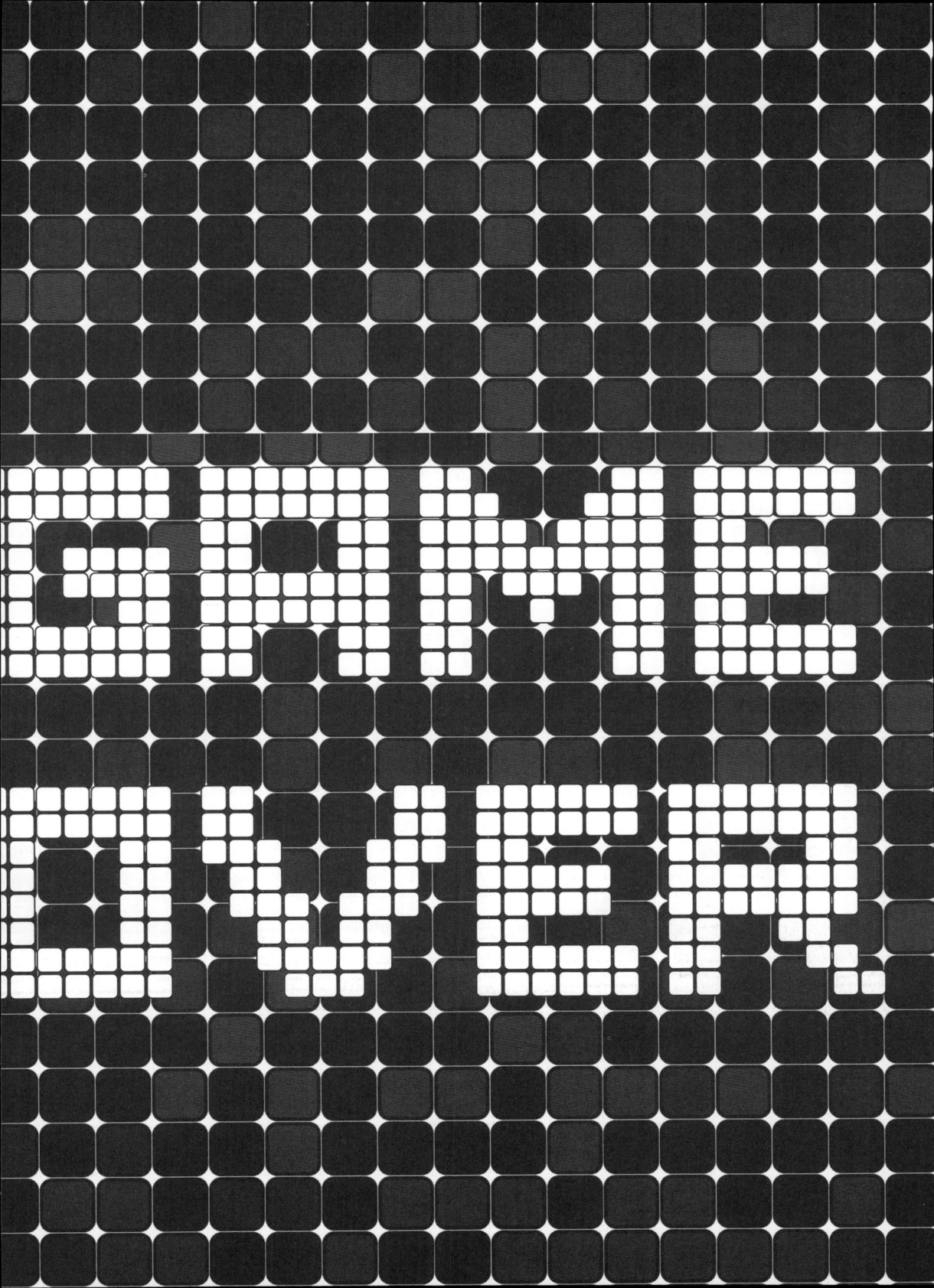

Literatura

De um mundo repleto de seres mágicos a uma cena de um crime grotesco, um livro é capaz de nos transportar para lugares a que nossa própria imaginação dificilmente seria capaz de chegar sozinha. Nesses lugares, torcemos pelos personagens com os quais mais nos identificamos, sentimos calafrios, nos angustiamos, choramos e rimos página após página, como se derrotar Voldemort ou salvar obras clássicas da história da humanidade da aniquilação pelo fogo fosse uma tarefa também incumbida a nós. Afinal, é assim que um bom livro nos faz sentir: especiais e parte de um universo maravilhoso e cheio de possibilidades. Nas páginas seguintes deste capítulo, você encontrará descrições dos gêneros literários mais caros ao universo nerd, bem como curiosidades sobre os grandes autores desses gêneros e alguns de seus livros mais expressivos. Embarque conosco no fascinante universo da leitura e nunca se esqueça de sua toalha, mochileiro!

linha do tempo

1697

Contos de mamãe gansa, de Charles Perrault, é lançado. Os contos de fadas viriam a influenciar a evolução do gênero de fantasia.

1840

A coletânea *Histórias extraordinárias*,[1] de Edgar Allan Poe, é lançada.

1843

Publicação de *Um conto de Natal*, de Charles Dickens.

1863

Júlio Verne lança a obra *Cinco semanas em um balão*.

1865

Lançamento de *Alice no País das Maravilhas*, de Lewis Carroll.

1. Em 1840, Poe publicou a coletânea *Tales of Grotesque and Arabesque*. No Brasil, a primeira coletânea de Poe foi organizada por José Paulo Paes, denominada *Histórias extraordinárias de Edgar A. Poe*, e não se propunha como uma tradução do original de 1840. Ao longo do século XX foram publicadas no Brasil outras 13 coletâneas com seleções de contos variados de Poe, sempre sob o título *Histórias Extraordinárias*, porém sem relação exata com *Tales of Grotesque and Arabesque*. (N. E.)

1886

Lançamento de *O médico e o monstro*, de Robert Louis Stevenson.

1887

Publicação de *Um estudo em vermelho*, de Arthur Conan Doyle. A obra apresenta pela primeira vez o detetive Sherlock Holmes.

1890

O escritor Oscar Wilde lança *O retrato de Dorian Gray*.

1895

A máquina do tempo, de H. G. Wells, é lançada.

1900

L. Frank Baum lança a obra *O mágico de Oz*.

1920

O misterioso caso de Styles, de Agatha Christie, é publicado. O livro traz a primeira aparição do detetive Hercule Poirot.

1931

Lançamento de *Admirável mundo novo*, de Aldous Huxley.

 J. R. R. Tolkien publicou a obra *O hobbit*.

 Publicação de *O sono eterno*, de Raymond Chandler.

1942

O escritor Isaac Asimov inicia a escrita de histórias que culminarão na consagrada *Série da fundação*.

1950

C. S. Lewis publica *O leão, a feiticeira e o guarda-roupa*, primeiro título da saga *As crônicas de Nárnia*.

1953

Lançamento de *Fahrenheit 451*, de Ray Bradbury.

1954

A Sociedade do Anel, de J. R. R. Tolkien, é publicada. Trata-se do primeiro livro da trilogia *O senhor dos anéis*, que teria sua sequência, *As duas torres*, lançada no mesmo ano e seu terceiro livro, *O retorno do rei*, em 1955.

1962

Publicação de *Laranja mecânica*, de Anthony Burgess. No mesmo ano, é lançado *O homem do castelo alto*, de Philip K. Dick.

1971

O exorcista, de William Peter Blatty, é lançado.

1974

Stephen King publica *Carrie, a estranha*.

1977

Publicação de *Horror em Amityville*, de Jay Anson.

1979

Lançamento de *O guia do mochileiro das galáxias*, de Douglas Adams.

1982

Publicação de *O pistoleiro*, de Stephen King. Trata-se do primeiro livro da consagrada saga *A torre negra*.

1983

Susan Hill publica *A mulher de preto*.

1984

Neuromancer, de William Gibson, é publicado.

1988

Lançamento de *O silêncio dos inocentes*, de Thomas Harris.

1990

Michael Crichton publica a obra *O parque dos dinossauros*.

1996

Lançamento de *A guerra dos tronos*, de George R. R. Martin. A obra caracteriza-se por ser o primeiro título da franquia *As crônicas de gelo e fogo*.

1997

A obra *Harry Potter e a pedra filosofal*, de J. K. Rowling, é publicada. Trata-se do primeiro livro da saga do jovem bruxo, que abrange um total de sete títulos.

2004

O último reino, de Bernard Cornwell, é lançado. Trata-se do primeiro título da série *Crônicas saxônicas*.

2003

Publicação de *O código da Vinci*, de Dan Brown.

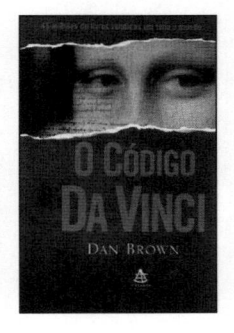

2005

Rick Riordan publica *O ladrão de raios*, o primeiro livro da saga *Percy Jackson*.

2008

Lançamento de *Jogos vorazes*, primeiro livro da saga homônima de Suzanne Collins.

2016

Publicação de *As crônicas de Medusa*, de Alastair Reynolds e Stephen Baxter.

Agatha Christie, a Rainha do Crime, fotografada em sua casa em Winterbrook House, na cidade inglesa de Wallingford, no ano de 1950.

Literatura policial

Seja por meio de um crime, seja por um enigma, toda narrativa de uma obra digna do gênero policial instiga o leitor a procurar nas pistas e nos testemunhos dos personagens a solução de um mistério – e quanto mais complexa a trama, mais difícil é desgrudar de suas páginas. A irresistível literatura policial há muito permeia o imaginário dos leitores com seus investigadores, criminosos e reviravoltas, e se há uma obra a qual se possa denominar inaugural do gênero, certamente se trata de *Os assassinatos da Rua Morgue*, de Edgar Allan Poe. O conto, lançado em 1841 nos Estados Unidos, apresenta como protagonista o arguto C. Auguste Dupin, detetive destacado pela polícia francesa para descobrir o autor do macabro assassinato de duas mulheres na Rua Morgue, em Paris.

A história de Edgar Allan Poe, autor consagrado por suas contribuições ao gênero de horror, continha os elementos principais que viriam a caracterizar as demais obras do nicho policial: o emprego do raciocínio lógico por parte do protagonista na decifração de um caso, o enfoque no eixo detetive-criminoso em detrimento da vítima e a inserção de pistas ao longo da narrativa que permitem ao leitor perceber que a solução do enigma estava o tempo todo "debaixo de seu nariz". Com a largada dada pelo detetive Dupin, a literatura policial desenvolveu cinco estilos fundamentais: o *whodunnit*, em que um detetive deve encontrar o responsável por um crime entre vários suspeitos e no qual se destacam autores como Agatha Christie e Arthur Conan Doyle; o *noir*, palavra francesa que significa "preto" e referencia os ambientes escuros, como bares e becos, que são palcos das histórias do estilo que mescla crimes e romances e apresenta como expoentes os autores Raymond Chandler e Dashiell Hammett; o *thriller* jurídico, no qual advogados e promotores solucionam casos em tribunais e cujos principais nomes são John Grisham e Erle Stanley Gardner; o *thriller* médico, centrado no uso da lógica por parte de profissionais da medicina no desvendamento de doenças e causas de morte e no qual se consagram escritores como Robin Cook e Tess Gerritsen; e, por fim, as histórias de espionagem, que envolvem tramas de abrangência internacional encabeçadas por mafiosos ou grandes mentes do crime e são consagradas por autores como Ian Fleming e Tom Clancy.

Os grandes nomes

AGATHA CHRISTIE (1890-1976)

A literatura policial tem uma "Rainha do Crime", e ela atende pelo nome de Agatha Christie. A britânica sustenta essa alcunha por seus 66 romances policiais e é considerada a autora de livros populares mais bem-sucedida de todos os tempos, com a soma aproximada de 4 bilhões de cópias vendidas do conjunto total de suas obras. É de Agatha Christie o icônico detetive belga Hercule Poirot, que protagoniza as suas mais famosas histórias, como *Assassinato no Expresso Oriente* (1934) e *Morte no Nilo* (1937).

Obras de destaque

O assassinato de Roger Ackroyd | 1926

As mortes sequenciais de Ashley Ferrars, sua esposa e do milionário Roger Ackroyd instigam o detetive Hercule Poirot a desvendar o mistério que conecta os três crimes cometidos na tranquila vila de King's Abbott.

Assassinato no Expresso Oriente | 1934

Quando um americano é assassinado com 12 facadas no suntuoso Expresso do Oriente, cabe ao detetive Poirot reunir as pistas que levem ao assassino antes que outro crime seja cometido no trem.

Morte no Nilo | 1937

O detetive Hercule Poirot encarrega-se nesta narrativa de investigar o misterioso assassinato de Linnet Ridgeway, que viajava em um exótico cruzeiro pelo rio Nilo acompanhada do noivo, Simon Doyle.

E não sobrou nenhum | 1939

Primeiramente publicado no Brasil como *O caso dos dez negrinhos*, o livro apresenta a história de dez pessoas convidadas a se acomodarem por uma temporada em uma ilha. Durante a estadia, mortes misteriosas ocorrem enquanto uma voz acusa os hóspedes de crimes passados.

ONDE VOCÊ ESTEVE, AGATHA CHRISTIE?
Conhece aquele clichê de que "a vida imita a arte"? Ele aplica-se bem à Agatha Christie que, em 1926, ficou desaparecida durante onze dias. No dia 3 de dezembro, a escritora partiu de sua casa dirigindo um carro, que foi encontrado mais tarde abandonado com um casaco de peles e a carteira de habilitação da escritora. Ao longo dos dias seguintes, a polícia inglesa e mais de quinze mil voluntários partiram em sua busca, encontrando-a em um quarto de hotel. Na ocasião, Agatha Christie alegou amnésia transitória, mas até hoje não se conhecem as verdadeiras causas para seu misterioso desaparecimento.

IAN FLEMING (1908-1964)

Jornalista, escritor e... agente da inteligência da Grã-Bretanha. O currículo em si já inspira respeito, mas Ian Fleming também calha de ser o criador de James Bond, o famoso agente secreto do cinema que protagoniza os romances de espionagem do autor. Fleming atuou ao longo da Segunda Guerra Mundial como membro da Divisão de Inteligência Naval, função certamente influente na escrita das tramas do agente 007, que o consagraram como um dos maiores expoentes do estilo espionagem com suas mais de 100 milhões de cópias vendidas.

Obras de destaque

Casino Royale | 1953

A obra apresenta a primeira aventura protagonizada pelo agente James Bond, que tem como missão derrotar o agente russo Le Chiffre no carteado para torná-lo inútil aos soviéticos.

O foguete da morte | 1955

O agente secreto 007 é encarregado nesta trama de impedir que Sir Hugo Drax, um perigoso industrialista, concretize seu plano de utilizar um míssil nuclear para aniquilar a Inglaterra.

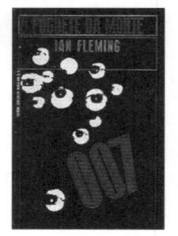

Da Rússia, com amor | 1957

Quinta obra da série encabeçada por James Bond, *Da Rússia, com amor* traz em seu enredo a agência de contraespionagem soviética SMERSH com seu plano de matar 007 e desacreditar o Serviço Secreto Britânico.

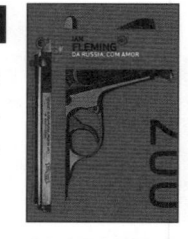

Goldfinger | 1959

Neste romance, o agente secreto James Bond deve impedir que o milionário Auric Goldfinger ponha em prática seu audacioso plano de roubar o Fort Knox e desestruturar a economia do mundo.

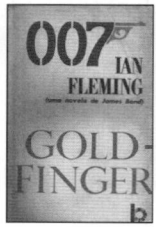

ARTHUR, RESPEITE SUA MÃE!
Como todo ser humano ajuizado, Arthur Conan Doyle escutava os apelos de sua mãe – e a progenitora de Doyle não ficou nada feliz quando soube da morte de Sherlock Holmes no conto *O problema final*, lançado em 1893. Em decorrência dessa frustração encabeçada pela mãe e expressa por uma multidão de fãs nada satisfeitos, o autor acabou ressuscitando o famoso detetive.

RAYMOND CHANDLER (1888-1959)

O mundo de detetives, *femme fatales* e gângsteres do cinema hollywoodiano jamais seria o mesmo sem as obras do americano Raymond Chandler, um dos maiores nomes da literatura *noir*. O autor iniciou sua carreira na escrita apenas aos 45 anos, publicando cinco anos mais tarde aquele que se tornaria um dos mais icônicos livros do gênero: *O sono eterno*, de 1939. É nesse livro que Chandler apresenta a primeira das histórias de seu famoso detetive Philip Marlowe, que protagonizaria sete de seus romances e se eternizaria na sétima arte por astros como Humphrey Bogart, Robert Mitchum e Danny Glover.

Obras de destaque

O sono eterno | 1939

Um general milionário contrata o cínico e solitário detetive Marlowe para investigar as chantagens que tem recebido e o paradeiro de seu genro, um traficante de bebidas no submundo da Califórnia.

Adeus, minha querida | 1940

Recém-saído da cadeia após oito anos, Moose Malloy conta com a ajuda do detetive Marlowe para investigar, em uma jornada em meio a policiais e gângsteres, a localização de Velma, a antiga amante do ex-presidiário.

Janela para a morte | 1942

Nesta obra, uma rica viúva contrata Marlowe para investigar o sumiço de uma valiosa moeda de sua coleção. A mulher desconfia que a nora seja responsável pelo crime e logo pede que o detetive siga os seus passos.

O longo adeus | 1953

A amizade que se desenvolve entre Marlowe e Terry Lennox, veterano de guerra, culmina com a injusta prisão do detetive, acusado de cumplicidade no assassinato da esposa do amigo.

O QUE JÔ SOARES E TONY BELLOTTO TÊM EM COMUM?

Ambos são consagrados autores brasileiros de literatura policial. O apresentador de TV Jô Soares inaugurou sua incursão no gênero em 1995 com *O xangô de Baker Street*, no qual o famoso detetive Sherlock Holmes é convocado por Pedro II para investigar o sumiço de um violino Stradivarius. Suas outras contribuições à literatura policial também incluem as obras *Assassinatos na Academia Brasileira de Letras* (2005) e *As esganadas* (2011). O músico Tony Bellotto, por sua vez, também debutou em 1995 no gênero com o lançamento de *Bellini e a esfinge*, obra em que o detetive Remo Bellini é encarregado de investigar o sumiço da prostituta Ana Cíntia Lopes. O personagem tipicamente *noir* ainda viria a protagonizar outros três romances do autor: *Bellini e o demônio* (1997), *Bellini e os espíritos* (2005) e *Bellini e o labirinto* (2014).

RONALD REAGAN, GAROTO-PROPAGANDA DE TOM CLANCY

Ao ser questionado por um repórter acerca do livro que carregava debaixo do braço ao descer do helicóptero Marine One, o presidente americano Ronald Reagan exibiu seu exemplar de *A caçada ao Outubro Vermelho* (1984) e comentou: "É realmente uma boa história". Foi a partir desse episódio que o romance de Tom Clancy se tornou um sucesso de vendas.

TOM CLANCY

A CAÇADA AO OUTUBRO VERMELHO

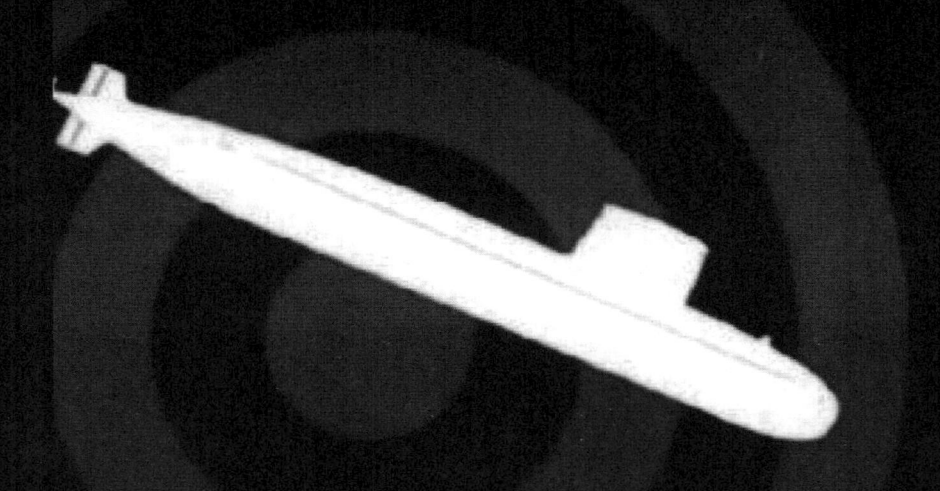

O escritor Issac Asimov em sua máquina de escrever.

Literatura sci-fi

Uiagens no tempo, universos paralelos, contato com alienígenas, máquinas que dominam a Terra... São tantas as possibilidades que a literatura de ficção científica oferece que é difícil resumi-la em linhas tão gerais, mas vamos tentar: o gênero sci-fi se caracteriza, primordialmente, por narrativas que tomam a ciência e a tecnologia como pano de fundo das ações de seus personagens. Embora fortemente ligado ao gênero de horror, o livro precursor da literatura sci-fi é *Frankenstein*, de Mary Shelley. Lançada no ano de 1818, a obra apresenta a trama de Victor Frankenstein, um jovem cientista que cria um ser humanoide a partir de tecidos dos mortos e arrepende-se de brincar de Deus ao horrorizar-se diante da assustadora criatura. Aqui, à diferença da obra cinematográfica que foca nos elementos de horror, o livro aborda questões como o sentido da existência e o antagonismo entre ciência *versus* religião – discussões caras ao universo da ficção científica em obras como *Androides sonham com ovelhas elétricas?* (1968), de Philip K. Dick, e *2001: uma odisseia no espaço* (1968), de Arthur C. Clarke.

Por abranger tantas correntes, a ficção científica divide-se em vários estilos, entre os quais destacamos como principais o sci-fi *hard*, o sci-fi *soft*, o *cyberpunk*, o *steampunk*, a viagem no tempo e a ficção robótica. O sci-fi *hard* define-se por centralizar seus enredos em conceitos científicos e tecnológicos, e nele se destacam expoentes da literatura como Júlio Verne e Carl Sagan, ao passo que o sci-fi *soft* prioriza os personagens e seus conflitos em detrimento da tecnologia em si, abarcando escritores célebres como Ray Bradbury e Michael Moorcock. No estilo *cyberpunk*, por sua vez, as tramas se passam em cenários futuristas nos quais computadores e *hackers* estão no centro dos conflitos, definindo-se pelas obras de autores como William Gibson e Pat Cadigan. O estilo *steampunk* revisita a época vitoriana criando cenários em que a tecnologia e demais conceitos futuristas fundem-se com a história reinventada e a estética do século XIX – estilo no qual os escritores K. W. Jeter e James Blaylock estabeleceram-se como expoentes. O estilo de viagem no tempo, por sua vez, abrange histórias em que seus protagonistas viajam ao passado ou futuro ou encontram visitantes de outros tempos e traz autores conceituados como H. G. Wells e Connie Willis, enquanto a ficção robótica trata da relação entre os robôs e sociedade e consagra-se especialmente pelos escritores Isaac Asimov e Karel Čapek.

Os grandes nomes

Philip K. Dick (1928-1982)

A prolífica e rica carreira de Philip K. Dick, embora não devidamente reconhecida em vida, torna-o um dos mais icônicos autores de ficção científica de todos os tempos. São desse autor americano as célebres obras *O homem do castelo alto* (1962), *Minority report* (1956) e *Androides sonham com ovelhas elétricas?* – essa última transportada para o cinema no clássico cult *Blade runner, o caçador de androides* (1982). Ao todo, Philip K. Dick publicou 36 romances e mais de 120 contos, e morreu precocemente aos 53 anos de idade.

Obras de destaque

O homem do castelo alto | 1962

Nesta trama, que se passa em uma realidade paralela, os Estados Unidos vivem sob o domínio da Alemanha nazista e do Japão, uma vez que foram derrotados pelas potências do Eixo na Segunda Guerra Mundial.

Os três estigmas de Palmer Eldritch | 1965

Em um futuro no qual os seres humanos habitam colônias em Marte, a droga Chew-Z torna-se um grande desejo de consumo ao prometer vida eterna aos seus consumidores.

Androides sonham com ovelhas elétricas? | 1968

O caçador de recompensas Rick Deckard incumbe-se da tarefa de caçar seis androides fugitivos em uma São Francisco minguante em consequência da guerra atômica.

Ubik | 1969

A trama de *Ubik* se passa em uma sociedade futurista, na qual Runciter comanda uma empresa que protege dados de corporações. Quando o personagem morre, um misterioso retrocesso atinge a sociedade, transformando objetos novos em antigos.

ISAAC ASIMOV (1920-1992)

Nascido em Smolensk, na Rússia, Isaac Asimov mudou-se ainda jovem para os Estados Unidos, onde desenvolveu sua carreira como bioquímico e escritor. Ao longo de sua vida, Asimov dedicou-se à divulgação científica, tornando-se o autor de mais de 260 obras literárias. O trabalho de Asimov destaca-se em especial por abordar conceitos científicos de forma acessível ao público, tornando obras famosas como a *Trilogia da fundação* e *Eu, robô*, ícones da literatura sci-fi.

Obras de destaque

Trilogia da fundação | 1942

Na consagrada saga futurista de Asimov, o cientista Hari Seldon antevê a ruína do império humano e consequente aniquilação do conhecimento reunido por eras, o que o impele a criar um plano para impedir que tal saber inestimável seja perdido.

Eu, robô | 1950

A obra é composta de nove contos que abordam a condição dos robôs na Terra. Ora puramente mecânicos, ora sensíveis como seres humanos, as máquinas de Isaac Asimov integram histórias de evolução e rebeldia.

O fim da eternidade | 1955

A obra apresenta Andrew Harlan, personagem encarregado de viajar pelas eras a fim de corrigir os erros cometidos pela humanidade. A sua missão, porém, é afetada quando Harlan se apaixona.

O homem bicentenário | 1976

O livro narra a trajetória de Andrew, um robô que tem como desejo tornar-se homem. Nesta trama, são discutidas questões como o medo do desconhecido e o significado de ser humano.

RAY BRADBURY (1920-2012)

Um dos maiores mestres da ficção científica, Ray Bradbury foi um escritor altamente versátil. O americano escreveu desde romances e contos até poemas e filmes para a TV, tendo vendido ao longo de sua carreira mais de oito milhões de cópias de suas obras. Entre os reconhecimentos atribuídos a Bradbury por sua contribuição à literatura, estão uma menção especial no comitê do Prêmio Pulitzer, em 2007, e um Prêmio Emmy. De seus trabalhos mais famosos, destaca-se *Fahrenheit 451*, adaptado em 1966 para o cinema, pelo diretor francês François Truffaut.

Obras de destaque

As crônicas marcianas | 1950

A obra apresenta o olhar de Ray Bradbury sobre a colonização de Marte. Nas 26 tramas presentes na coletânea, estão em discussão questões como a adaptação do ser humano em um planeta desconhecido e as relações com os marcianos.

O homem ilustrado | 1951

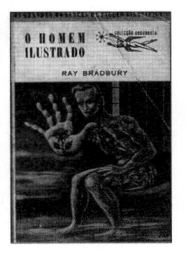

Neste livro, composto de 18 contos, um homem que possui tatuagens espalhadas por todo o corpo traz em cada desenho uma trama do futuro, desde alienígenas invasores até sacerdotes que tentam evangelizar Marte.

A bruxa de abril e outros contos | 1952

A obra apresenta uma coletânea de contos, entre os quais *O outro pé*, que traz a história de uma sociedade de negros que deixou a Terra para habitar Marte e recebe a visita de um homem branco.

Fahrenheit 451 | 1953

Na sociedade do futuro de *Fahrenheit 451*, os livros são proibidos por despertarem o senso crítico das pessoas. Essa condição, no entanto, passa a ser contestada por Guy Montag, um homem cujo trabalho é queimar obras literárias.

DIA DA TOALHA: UM DIA PARA OS NERDS
Você provavelmente já ouviu falar do Dia Internacional do Orgulho Nerd, comemorado em 25 de maio, mas sabia que esse dia também é conhecido como o Dia da Toalha? Achou estranho? Pois bem, nós explicamos: trata-se de uma referência à saga *O guia do mochileiro das galáxias* (1979), de Douglas Adams. Considerada um clássico nerd, a saga discorre por um capítulo acerca das infindáveis utilidades de uma toalha para o viajante espacial, que pode usá-la para cobrir seu rosto durante a exposição a vapores tóxicos e até como arma em uma briga. É por isso que todo nerd que se preze sabe a importância de prestar homenagem a esse item tão útil.

ISAAC ASIMOU, O DONO DAS LEIS

Isaac Asimov é o criador das Três Leis Fundamentais da Robótica, um conjunto de diretrizes que visa controlar o comportamento dos robôs em suas obras literárias. São elas:

PRIMEIRA LEI: Um robô não pode ferir um ser humano ou, por inação, permitir que um ser humano sofra algum mal.

SEGUNDA LEI: Um robô deve obedecer às ordens que lhe sejam dadas por seres humanos, exceto nos casos em que tais ordens entrem em conflito com a Primeira Lei.

TERCEIRA LEI: Um robô deve proteger sua própria existência desde que tal proteção não entre em conflito com a Primeira ou Segunda Leis.

Embora ficcionais, as diretrizes estabelecidas pelo escritor são respaldadas por pesquisadores de Inteligência Artificial da atualidade em razão da pertinência de seus princípios para a robótica do mundo real.

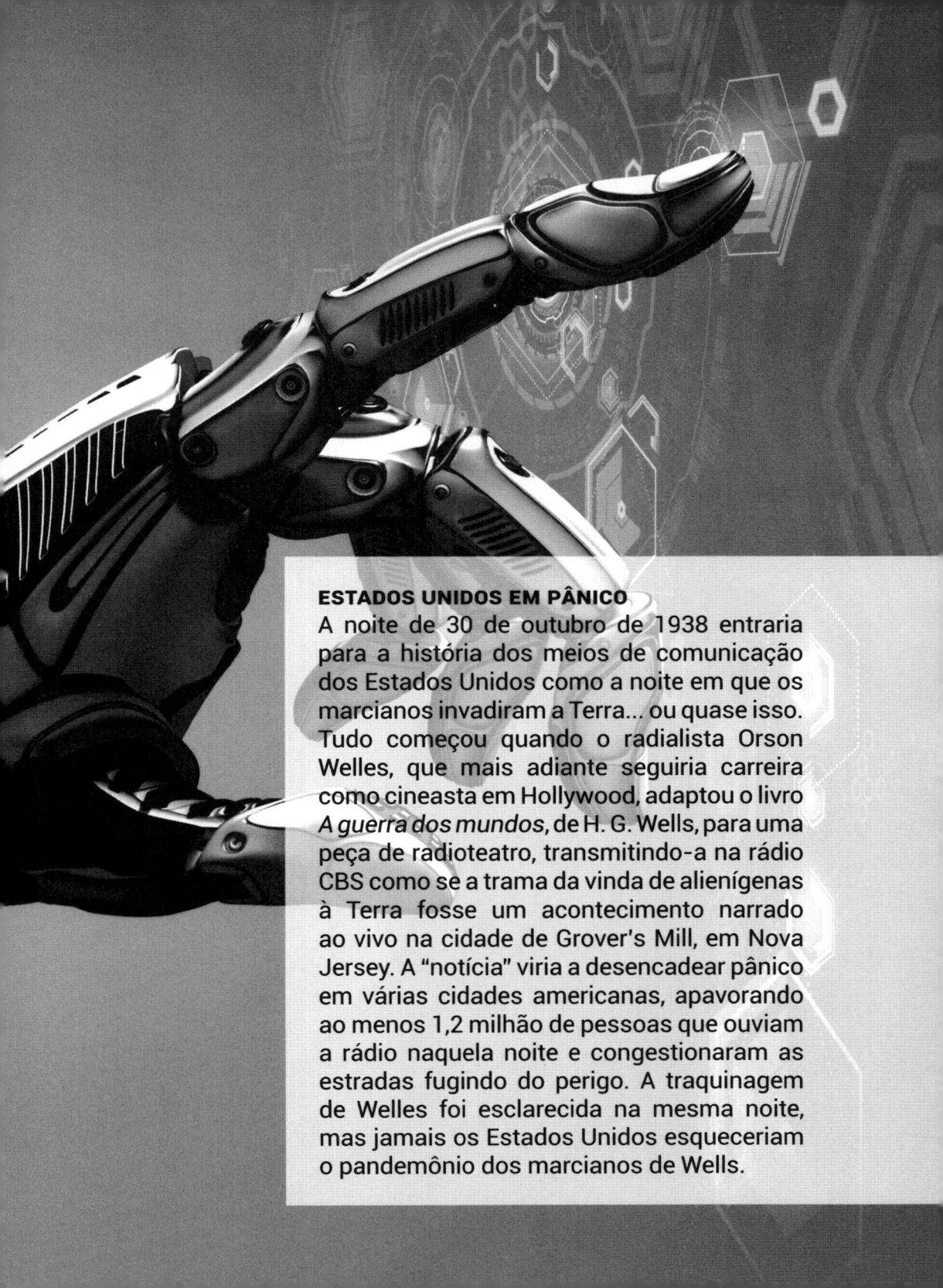

ESTADOS UNIDOS EM PÂNICO

A noite de 30 de outubro de 1938 entraria para a história dos meios de comunicação dos Estados Unidos como a noite em que os marcianos invadiram a Terra... ou quase isso. Tudo começou quando o radialista Orson Welles, que mais adiante seguiria carreira como cineasta em Hollywood, adaptou o livro *A guerra dos mundos*, de H. G. Wells, para uma peça de radioteatro, transmitindo-a na rádio CBS como se a trama da vinda de alienígenas à Terra fosse um acontecimento narrado ao vivo na cidade de Grover's Mill, em Nova Jersey. A "notícia" viria a desencadear pânico em várias cidades americanas, apavorando ao menos 1,2 milhão de pessoas que ouviam a rádio naquela noite e congestionaram as estradas fugindo do perigo. A traquinagem de Welles foi esclarecida na mesma noite, mas jamais os Estados Unidos esqueceriam o pandemônio dos marcianos de Wells.

Edgar Allan Poe.

Literatura de horror

Um equívoco comum cometido entre as pessoas é confundir a literatura de terror com a de horror. A despeito das similaridades que lhes são inerentes, há uma diferença fundamental entre ambas. A literatura de terror é um gênero caracterizado, em sua essência, pelo medo do desconhecido sem que haja qualquer interferência sobrenatural. As tramas de Edgar Allan Poe são um grande exemplo nesse sentido; em *Histórias extraordinárias* (1840), o autor apresenta contos como "O poço e o pêndulo" que aborda as torturas físicas e psicológicas infligidas a um homem preso que tenta escapar de uma morte medonha, e "O barril de Amontillado", que narra o emparedamento lento e penoso de um homem. Não há, portanto, fantasmas ou monstros nas histórias de terror, mas seres humanos em meio a perturbações causadas, sobretudo, pelo medo do desconhecido, o que ecoa em especial nas obras do americano Stephen King.

A literatura de horror, por sua vez, encontra no sobrenatural seu alicerce fundamental. As tramas desse gênero envolvem, usualmente, cenários sombrios como florestas lúgubres e vilarejos abandonados, bem como são povoadas por criaturas aterrorizantes típicas de nosso imaginário, como vampiros, lobisomens e demônios. O que se busca nas obras de horror é fazer com que o leitor sinta, acima de tudo, repulsa, como demonstram dois livros caros ao gênero: *Drácula* (1897), de Bram Stoker, e *O exorcista* (1971), de William Peter Blatty. No primeiro, a história gira em torno do Conde Drácula, um vampiro que vive em um castelo afastado na misteriosa Transilvânia e carrega a amaldiçoada condição de alimentar-se do sangue dos humanos. Já na segunda obra, a trama desenvolvida apresenta uma garota de 12 anos chamada Regan MacNeil que apresenta evidências de ter sido possuída por um demônio, o que força sua mãe a recorrer a padres para realizar seu exorcismo. A repugnância que essas narrativas nos provocam é, portanto, a força motriz desse tipo de literatura, que encontra seus maiores expoentes em autores como H. P. Lovecraft e Sheridan Le Fanu.

Os grandes nomes

H. P. LOVECRAFT (1890-1937)

Um dos maiores ícones do gênero horror, o americano H. P. Lovecraft foi um homem constantemente perturbado por seus próprios pesadelos, os quais viria a expressar em seus livros dotando-os de um forte apelo ao subconsciente. Influenciado pela obra de Edgar Allan Poe, Lovecraft desenvolveu na sua literatura o denominado "terror cósmico", baseado na concepção do universo como uma esfera extremamente adversa ao ser humano.

Obras de destaque

Dagon | 1919

O conto nos introduz a Dagon, um ex-oficial da marinha mercante viciado em morfina que planeja acabar com sua vida em razão de um episódio vivenciado na Primeira Guerra Mundial.

O medo à espreita e outras histórias | 1923

Nesta obra, dotada de tramas inquietantes, destacamos em especial o conto *O medo à espreita*, que trata da história de um homem que adentra o misterioso Solar Martense e testemunha um horror sem nome.

O templo | 1925

O tenente-comandante Karl Heinrich guia o leitor nesta sombria narrativa em que um corpo portador de uma imagem entalhada em marfim é encontrado no mar, perturbando a tripulação do submarino conduzido pelo personagem.

O chamado de Cthulhu | 1928

O conto apresenta ao leitor o icônico Cthulhu, o famoso deus cósmico da mitologia de Lovecraft. A trama discorre acerca de um culto milenar que deseja despertá-lo para que ele aniquile os seres humanos.

STEPHEN KING (1947)

O aclamado escritor Stephen King encontra-se não só no panteão dos maiores autores de terror e horror de todos os tempos, mas também no dos autores com mais livros vendidos pelo mundo – uma soma nada modesta de 400 milhões de cópias. A prolífica e versátil obra do americano é constantemente explorada pela indústria cinematográfica, que já adaptou livros icônicos de King, como *Carrie, a estranha* (1974), e *It: a coisa* (1986), ambos com remakes de 2013 e 2017, respectivamente, e *O iluminado* (1977).

Obras de destaque

Carrie, a estranha | 1974

Carrie é uma garota de 16 anos oprimida pela mãe e menosprezada pelos colegas de escola. Dotada de poderes ocultos, a jovem acaba por revelá-los da forma mais macabra possível quando se vê exposta à extrema humilhação.

O iluminado | 1977

O livro traz como protagonista Jack Torrance, um homem que se torna o zelador do Hotel Overlook. Isolado com sua esposa e filho no local, situado nas montanhas do Colorado, Jack passa a ser influenciado pelas forças ocultas e macabras do hotel.

Christine | 1983

A vida do jovem Arnie Cunnigham se transforma quando ele se torna o condutor de Christine, um veículo Plymouth Fury 1958 que demonstra ter vontade própria.

It: a coisa | 1986

A obra narra a história de sete crianças que confrontaram um ser macabro conhecido como a Coisa e agora, adultas, reúnem-se novamente para acabar de vez com o monstro e impedir novos assassinatos.

EDGAR ALLAN POE (1809–1849)

A Edgar Allan Poe cabe não menos que o título de precursor da literatura policial, bem como o de figura fundamental no desenvolvimento do gênero de ficção científica. No entanto, é no terror que se encontra a grandeza absoluta do escritor, que se consagraria por seus contos nefastos e repletos de mistérios. A despeito de uma vida financeiramente complicada, em razão de sua dedicação exclusiva à escrita, e de sua morte prematura, Poe estabeleceu-se como um dos maiores ícones da literatura de todos os tempos.

Obras de destaque

A queda da casa de Usher | 1839

Neste conto, o leitor é conduzido à mansão de Roderick Usher, um homem que sofre de perturbações mentais. Para o assombro do narrador da trama, o local parece acompanhar a decadência de seu dono.

A máscara da morte rubra | 1842

Quando a epidemia da Morte Rubra assola os plebeus, o Príncipe isola-se com os nobres em uma de suas propriedades, para aguardar o fim da praga. Porém, em um dos bailes realizados para distraí-los, um estranho visitante adentra o local.

O coração delator | 1843

O coração delator relata a angustiante trama de um servo que comete um crime contra seu velho amo e vê-se perturbado pelo ato. A obra baseia-se em um crime real cometido nos Estados Unidos em 1830.

O gato preto | 1843

O gato preto é, provavelmente, o conto mais popular de Edgar Allan Poe. Neste conto, em um ato de maldade injustificável, um homem mata seu gato de estimação e depois é assombrado pelo fantasma do felino.

O VISITANTE MISTERIOSO DO TÚMULO DE POE
Do período de 1949 a 2009, uma pessoa de identidade jamais revelada visitou o túmulo de Edgar Allan Poe ano após ano, especificamente no dia 19 de janeiro, data de aniversário do escritor. A cada visita ao Cemitério de Westminster, localizado na cidade de Baltimore (EUA), o fã de Poe deixava para seu mestre meia garrafa de conhaque e três rosas vermelhas.

CARRIE, A IGNORADA
Se hoje temos acesso ao clássico de horror *Carrie, a estranha*, devemos agradecer a Tabitha King, esposa do consagrado Stephen King. Isso porque foi ela que salvou as páginas iniciais do manuscrito de *Carrie* de um impiedoso destino na lixeira e insistiu para que o marido terminasse a obra. Ainda hoje, Stephen King demonstra surpresa pelo sucesso do romance, que abriu as portas para sua carreira como escritor na década de 1970.

A FRIEZA DE H. P. LOVECRAFT

Durante a infância, H. P. Lovecraft foi diagnosticado com uma doença denominada poiquilotermia.

A enfermidade não permitia que o escritor tivesse uma regulagem normal de temperatura do corpo, o que fazia sua pele ser constantemente fria.

O NASCIMENTO DE *FRANKENSTEIN*

A escritora Mary Shelley concebeu a obra *Frankenstein* após uma conversa com o também escritor Lord Byron. Durante a estadia na casa do poeta, no verão de 1816, o anfitrião sugeriu que Mary e os demais amigos escrevessem um conto sobrenatural. Foi então que, em uma noite repleta de trovoadas, a escritora vislumbrou a criação do monstro pelo cientista que dá nome ao livro.

Literatura de fantasia

Cavaleiros, bruxos, elfos e magia, seja ela escondida nos detalhes, seja exposta a todo redor – são esses os elementos mais comuns na chamada literatura de fantasia, gênero que abrange as fantasias épicas e demais correntes que exploram elementos sobrenaturais para criar tramas fantásticas que envolvem desde ambientes ocultos até mundos povoados por criaturas mágicas. É possível categorizar o gênero de fantasia a partir de duas ramificações fundamentais: a alta fantasia e a baixa fantasia. A primeira caracteriza-se por trazer um mundo fictício no lugar ou para além do mundo primário, isto é, o mundo real, bem como por dotar esse universo de suas próprias regras. Dois grandes exemplos de obras consagradas de alta fantasia são as sagas *O senhor dos anéis*, de J. R. R. Tolkien, e *Harry Potter*, de J. K. Rowling. Na primeira, não há uma realidade paralela ao nosso mundo, apenas a Terra Média, dotada de hobbits, elfos, orcs e demais criaturas fantásticas que compõem a trama da destruição do Um Anel. Já em Harry Potter, o mundo dos bruxos existe dentro de nossa realidade, oculto por meio de magias – embora, invariavelmente, alguns eventos fantásticos sejam avistados vez ou outra por "trouxas" (para os desavisados, "trouxa" é o nome dado aos não bruxos na franquia).

A baixa fantasia, por sua vez, define-se por ocorrer no próprio mundo real, o que permite às tramas dependerem pouco de ambientes fictícios e possibilitarem uma realidade com apenas toques fantásticos. Esse gênero tem como expoentes duas famosas franquias: *Os instrumentos mortais*, de Cassandra Clare, e *Percy Jackson & os olimpianos*, de Rick Riordan. Na primeira série, que se situa no ano de 2007 em Nova York, a protagonista Clary Fray integra a sociedade conhecida como Caçadores de Sombras, um grupo destinado a proteger o mundo da ameaça de demônios. Já na segunda saga, que traz como protagonista o filho do deus do mar Poseidon, deuses e semideuses da mitologia grega travam embates em pleno século XXI.

Os grandes nomes

J. K. ROWLING (1965)

A inglesa Joanne Kathleen Rowling consagrou-se na literatura de fantasia por uma das sagas mais famosas de todos os tempos: a de *Harry Potter*. Com mais de 450 milhões de cópias vendidas, a série composta de sete livros rendeu à autora a posição de "Mulher mais influente da Grã-Bretanha", bem como permitiu-lhe ocupar o 40º lugar do ranking das pessoas mais poderosas do mundo pela publicação *Forbes*. Além da saga do jovem bruxo, Rowling lançou outras obras, dentre as quais estão *Morte súbita* (2012) e *O chamado do cuco* (2013).

Obras de destaque

Harry Potter e a pedra filosofal | 1997

No primeiro livro da saga do jovem bruxo, a trama acompanha a introdução de Harry Potter ao mundo dos bruxos e traz o confronto do protagonista com Lord Voldemort, o arquirrival que deseja a posse da inestimável pedra filosofal.

Harry Potter e o prisioneiro de Azkaban | 1999

Terceiro livro da saga de *Harry Potter*, a obra traz como ameaça iminente o prisioneiro de Azkaban, que fugiu da prisão e está em busca do protagonista. Com o apoio dos amigos Hermione Granger e Ronald Weasley, Harry deve descobrir quem é o assassino em seu encalço.

Harry Potter e a ordem da Fênix | 2003

No quinto livro da série, o protagonista sofre uma campanha de demérito por parte da imprensa e do governo acerca de seu alerta sobre o retorno do temível Lord Voldemort – um problema que acaba por afastar Dumbledore de Hogwarts.

Harry Potter e as relíquias da morte | 2007

No livro final da saga do jovem bruxo, Harry executa o pedido do professor Dumbledore de encontrar e destruir as Horcruxes de Lord Voldemort, relíquias que contêm partes da alma corrompida do vilão.

J. R. R. Tolkien (1892-1973)

O gênero de fantasia tem muito a agradecer a John Ronald Reuel Tolkien, o criador da emblemática saga *O senhor dos anéis*, *O hobbit* e *O silmarillion*. Ao longo da vida, Tolkien atuou como professor universitário e filólogo, obtendo da Rainha Elizabeth II o título de Comandante da Ordem do Império Britânico. Considerado por muitos o pai da literatura fantástica moderna, o escritor ocupou o sexto lugar entre os escritores mais importantes da Grã-Bretanha desde 1945 segundo o *The Times*.

Obras de destaque

O hobbit | 1937

Bilbo Bolseiro, um jovem que vive em um aconchegante lar no Condado, é atraído pelo mago Gandalf e um grupo de anões para partir em uma expedição na Terra Média, que promete uma valorosa recompensa.

O senhor dos anéis: a Sociedade do Anel | 1954

No primeiro título da consagrada saga *O senhor dos anéis,* Frodo Bolseiro é incumbido de partir do Condado e levar o perigoso Um Anel até a Montanha da Perdição, a fim de destruí-lo e acabar com os planos malignos do poderoso Sauron.

O senhor dos anéis: as duas torres | 1954

No segundo título *da trilogia,* é relatada a continuação da jornada de Frodo e o destino da Sociedade do Anel – expedição formada para destruir o Um Anel – após a separação de seus membros.

O senhor dos anéis: o retorno do rei | 1955

No último livro da série clássica de J. R. R. Tolkien, guerreiros da Terra Média unem-se para enfrentar os exércitos de Sauron enquanto Frodo chega ao fim de sua jornada.

BERNARD CORNWELL (1944)

O londrino Bernard Cornwell é um prolífico escritor do gênero de fantasia, tendo publicado até a atualidade mais de 40 obras. O fascínio do autor pela História – especialmente quando se fala da Inglaterra – reflete-se em sua extensa produção, que abrange desde os embates em seu país de origem, como na saga *A busca do Graal,* até figuras emblemáticas da cultura inglesa, como o Rei Artur em *As crônicas de Artur.* Atualmente, Bernard Cornwell é considerado um dos maiores autores britânicos em atividade.

Obras de destaque

As crônicas de Artur | 1995

A trilogia traz o olhar de Bernard Cornwell sobre a trajetória do lendário Rei Artur. A trama é narrada por Derfel Cadarn, um guerreiro que se torna um dos senhores da guerra do emblemático rei.

As aventuras de Sharpe | 1997

A saga, baseada em fatos históricos, traz como protagonista o fictício militar Richard Sharpe, ex-membro da Companhia Britânica das Índias Orientais que se integra às Guerras Napoleônicas.

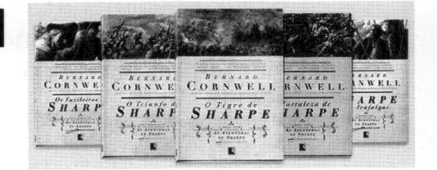

A busca do Graal | 2000

Nesta trilogia, Bernard Cornwell nos introduz a Thomas de Hookton, um arqueiro que integra a jornada pelo Santo Graal ao mesmo tempo que tenciona vingar-se pela morte do pai.

As crônicas saxônicas | 2004

A saga, que traz como protagonista Uhtred de Bebbanburg, passa-se durante a invasão da Dinamarca à Grã-Bretanha. A trama discorre sobre o desenvolvimento da Inglaterra como uma nação.

A CARA RELAÇÃO ENTRE J. K. ROWLING, TRENS E A ESTAÇÃO DE KING'S CROSS

Foi durante uma viagem de trem de Londres para Manchester que a escritora J. K. Rowling teve a ideia de escrever a história do jovem bruxo Harry Potter, o que explica a inserção da icônica viagem de trem dos alunos à Escola de Magia de Hogwarts. Porém, sua referência afetiva aos trens não se resume a este episódio, uma vez que a própria presença da real estação King's Cross na obra provém do fato de que os pais da autora se conheceram no local.

J. R. R. TOLKIEN, UM CABRA-MACHO

Você dificilmente conhecerá alguém mais corajoso que J. R. R. Tolkien, e nós diremos o porquê: em 1937, após o lançamento de *O hobbit*, oficiais nazistas enviaram uma carta ao autor exigindo que fosse feita uma tradução em alemão para a obra, além de requerer sua assunção como judeu. E o que o escritor fez? Respondeu que não assumiria coisa alguma, acrescentando que desejava que seus antepassados fossem judeus. Dá-lhe Tolkien neles!

GEORGE R. R. MARTIN, UM HOMEM DAS ANTIGAS

O autor da épica franquia *As crônicas de gelo e fogo* é um homem avesso às novas tecnologias, o que o faz utilizar um sistema ultrapassado para escrever suas obras. O processador de texto utilizado pelo escritor é o Wordstar 4.0, lançado há pouquíssimo tempo... em 1976.

ALICE, UMA GAROTA REAL

Alice, a famosa personagem das histórias de Lewis Carroll, foi inspirada em Alice Liddell, nascida em 1852. O autor conheceu a garota quando ela tinha três anos de idade e tornou-se seu amigo, criando para ela a saga do País das Maravilhas.

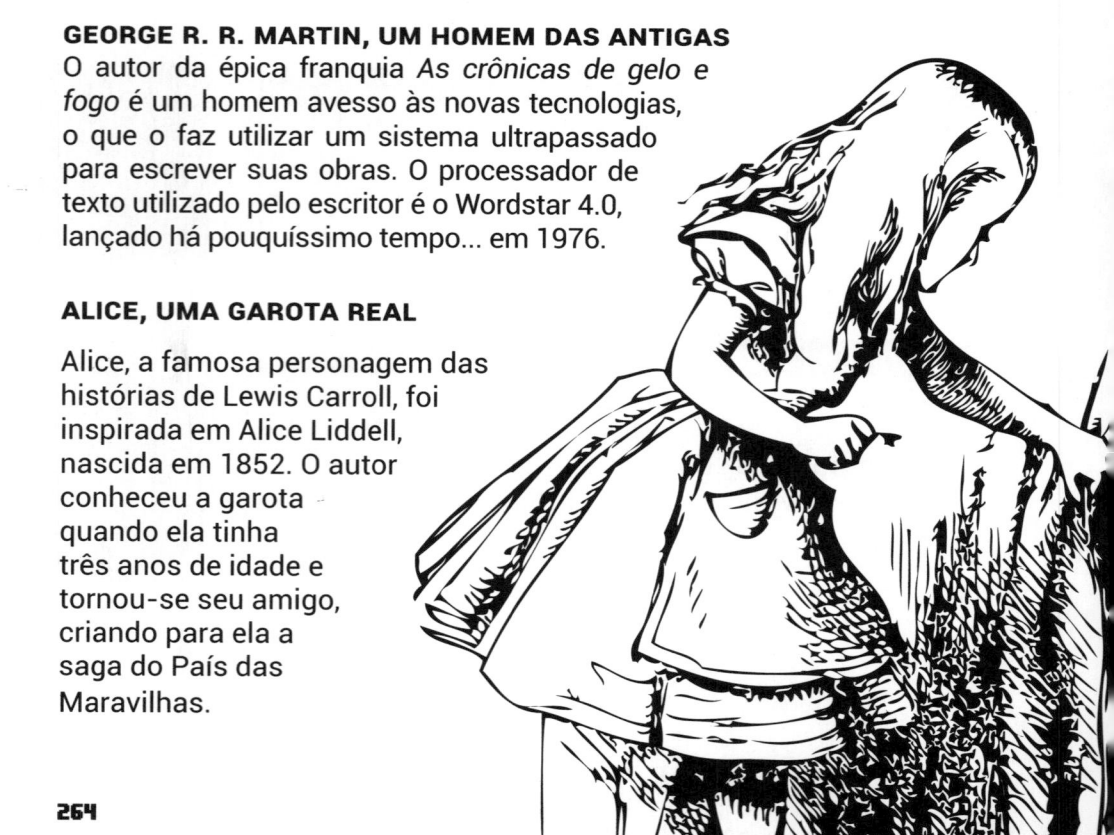

Tecnologia

Introdução

O futuro é agora

Desde a época em que nossos primeiros antepassados fizeram sua primeira fogueira ou giraram a primeira roda, a humanidade tem se transformado graças à tecnologia. A partir de então, diminuímos distâncias, eliminamos doenças e resolvemos (e criamos) diversos problemas enquanto civilização.

A tecnologia, quando utilizada corretamente, nos impulsiona para o futuro. Para os nerds, em especial, muitas invenções tecnológicas fazem parte diretamente do cotidiano. Não é preciso ser um geek para usar um computador, navegar na internet, jogar videogame ou utilizar qualquer tipo de gadget. Então, vamos viajar por algumas das invenções mais interessantes, inventadas em sua maioria por geeks, e conhecer sua origem e importância.

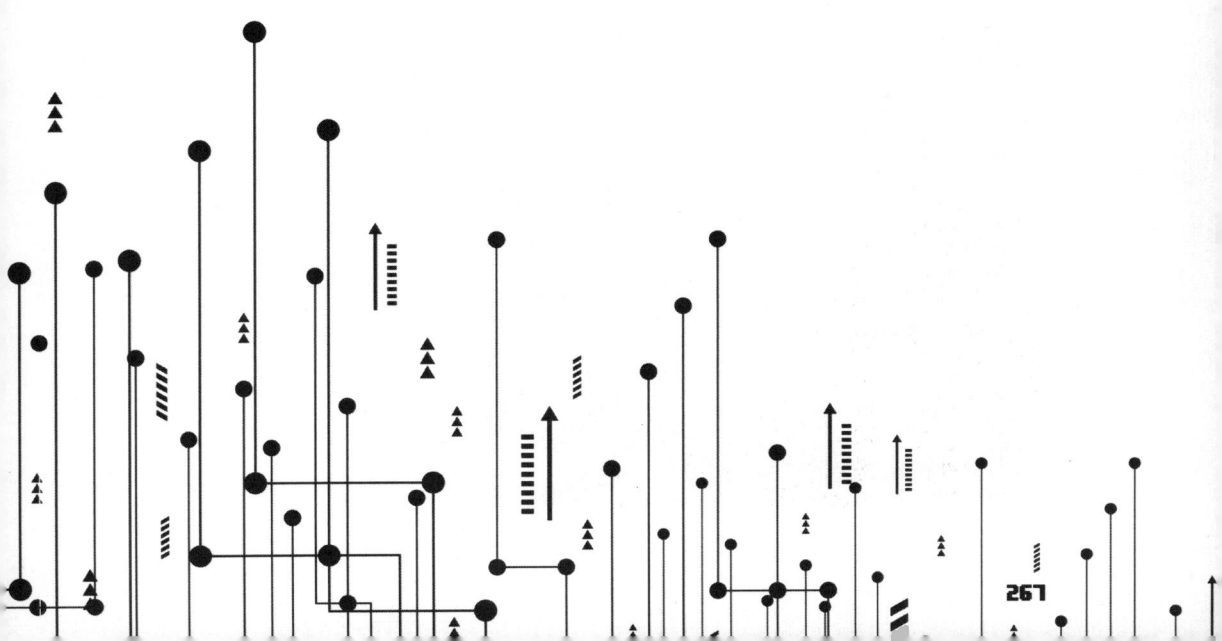

linha do tempo

1946

Criação do primeiro computador digital eletrônico, o ENIAC.

1969

Fundação da ARPANET (Advanced Research Projects Agency Network).

1971

Ray Tomlinson usou o símbolo "@" para separar o nome do usuário do nome de seu computador. Com o passar do tempo, o nome do computador deu lugar ao domínio.

1970

O termo "internet" é usado pela primeira vez por Vinton Cerf, matemático e especialista em informática.

1971

Primeira praga virtual disseminada pela rede, feita por Bob Thomas.

1979

Dois estudantes criaram um sistema de discussão dividido por temas, o fórum.

1990

Tim Berners-Lee desenvolve o primeiro browser, chamado WorldWideWeb.

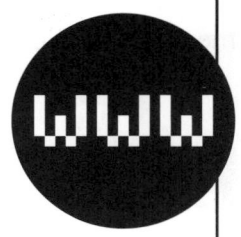

1989

Tim Berners-Lee cria a World Wide Web, ainda como um projeto do CERN (Conseil Européen pour la Recherche Nucléaire).

1991

A primeira página web foi criada para exemplificar a WWW. No mesmo ano é criado o primeiro protocolo de pesquisa de conteúdo, o Gopher, que analisava nomes de arquivos.

1991

Surge o MP3, arquivo comprimido de alta qualidade que seria a fonte para uma futura revolução musical.

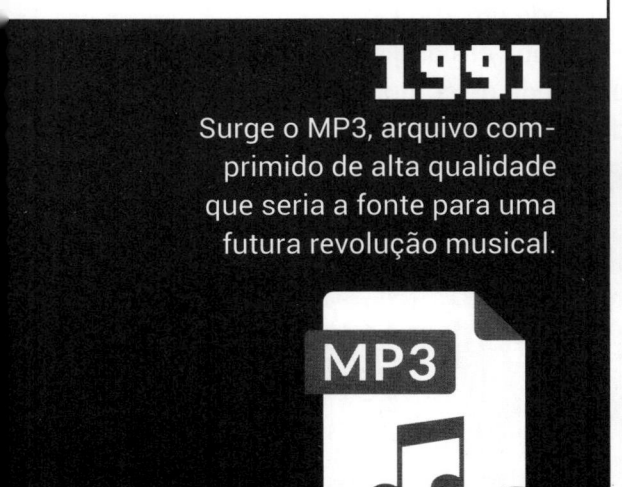

1994

Criação do primeiro blog, desenvolvido por Justin Hall (www.links.net).

1996

É usado pela primeira vez o termo "deep web" para denominar a área da internet cujo conteúdo não está indexado a sistemas de busca.

1997

O domínio "Google.com" foi registrado em 15 de setembro. O nome é uma brincadeira com a palavra "googol", termo matemático para o número representado pelo numeral 1 seguido por 100 zeros.

2004

Criada por um funcionário do Google, Orkut Büyükkökten, a rede social Orkut foi amplamente utilizada por brasileiros.

2004

Lançado em 2004, o Facebook era originalmente uma rede de comunicação de estudantes universitários.

2005

Lançamento do serviço de publicação de vídeos on-line YouTube, que seria comprado pelo Google anos depois.

2005

Primeira publicação no Reddit, que se tornaria uma das principais fontes de interação de usuários por meios de postagens.

2006

É lançada a rede social Twitter, criada para enviar mensagens de apenas 140 caracteres, chamadas de tweets. A primeira mensagem foi "just setting up my twttr".

2007

O grande boom do conceito do acesso à internet a partir dos smartphones, que ganhavam popularidade e tecnologia para oferecer o acesso à rede. Deve-se muito essa explosão ao smartphone da Apple, o iPhone.

2011

Aplicativo de mensagens com base em imagens, o Snapchat permanece como um dos poucos softwares que não pertencem a um grande nome da internet.

Curiosidades

Spam

O termo "spam" foi usado pela primeira vez em uma mensagem de e-mail comercial não solicitado, enviada para mais de 600 usuários da ARPANET por Gary Thuerk. O termo foi atribuído a mensagens indesejadas em referência a um esquete feito no programa britânico *Monty Python Flying Circus*, no qual a palavra spam é dita diversas vezes em um curto espaço de tempo. Spam é também um tipo de carne enlatada popular no Reino Unido

De olho

Em 1991, a primeira webcam foi usada em um laboratório da Universidade de Cambridge para monitorar uma cafeteria e evitar desperdício de comida.

Pioneira

A primeira foto publicada na web foi da banda Les Horribles Cernettes.

Reclame

O primeiro anúncio em formato de *banner* na internet foi feito pela AT&T. Já o primeiro anúncio de um produto à venda foi feito no site AuctionWeb, que se tornaria o eBay. O primeiro produto listado foi um *laser pointer* quebrado.

Porta do futuro

A conexão Universal Serial Bus, USB, foi desenvolvida por um conjunto de empresas (incluindo Microsoft, Apple, HP e Intel) para aperfeiçoar a  conexão de dispositivos externos a computadores, resultando em um aumento de velocidade e volume de dados. A versão 1.0 foi desenvolvida em 1994, já o USB 2.0 surgiu em 2000 e a versão 3.0, em 2009.

Informática tupiniquim

O primeiro computador utilizado no Brasil foi o Univac-120, adquirido pelo governo de São Paulo em 1957 para calcular o consumo de água da capital paulista. O computador era capaz de fazer 12 mil operações de soma ou subtração por minuto.

Sem parar

Qual é o motivo de as teclas F e J terem saliências? A resposta vem das antigas máquinas de escrever. As marcas nas teclas ajudavam os digitadores profissionais, pois eram como uma referência de posicionamento dos dedos indicadores. Assim, esses profissionais evitavam olhar o teclado ao digitar, aumentando a produtividade.

Aleluia

Santo Isidoro de Sevilha é considerado o santo padroeiro da internet.

Inspiração

O panda-vermelho deu origem ao nome do navegador Firefox.

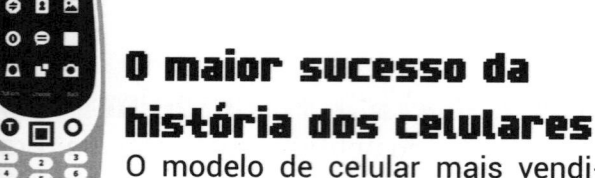

Inseto eletrônico

No mundo da computação, os erros em softwares são conhecidos como *bugs* (inseto, em inglês). Isso porque os primeiros computadores eram grandes, do tamanho de salas, e utilizavam válvulas para fazer seus cálculos. Então, além do tamanho, a temperatura das máquinas acabava chamando a atenção de insetos. Algumas vezes, os insetos, ao entrar em contato com as válvulas, queimavam os componentes e causavam falhas no equipamento. Assim, os erros de computadores acabaram conhecidos como *bugs*, para lembrar a época em que os pobres bichinhos perturbavam o funcionamento das máquinas.

O maior sucesso da história dos celulares

O modelo de celular mais vendido de todos os tempos foi o Nokia 1100. Mais de 250 milhões de unidades do aparelho lançado em 2003 foram vendidas pelo mundo.

A origem do robô do Android

O simpático robô verde do Android é criação de Irina Blok, uma designer russa que se inspirou na estética dos desenhos que são fixados nas portas dos banheiros masculinos e femininos.

Poder espacial

Se você comparar a potência dos celulares atuais com a dos computadores da NASA que transportaram o homem à Lua em 1969, descobrirá que os primeiros são mais poderosos.

Capa de revista

O pioneirismo do primeiro iPhone foi tão marcante para sua época que a revista *Time* estampou o aparelho em sua capa, apresentando-o como a invenção do ano de 2007.

Tijolão

Os primeiros aparelhos celulares pesavam aproximadamente 1 quilo e ostentavam 30 centímetros de altura.

Mal do século

Já ouviu falar da nomofobia? Você pode não conhecer o nome, mas sofre ou conhece alguém que é atingido por essa fobia. Ela trata do medo causado pela impossibilidade de comunicar-se via celular.

Xampu no celular

É costume entre os japoneses utilizar os aparelhos celulares durante o banho, de modo que a maior parte dos dispositivos produzidos em terras nipônicas é à prova d'água.

Reposição noturna

Não há problemas em deixar seu celular recarregando durante a noite. Após atingir 100% de carga, os celulares atuais interrompem automaticamente a alimentação. Isso se deve às baterias do tipo lítio-íon, mais resistentes em relação às outras versões.

Lixo eletrônico

Por ano, aproximadamente 125 milhões de celulares ao redor do mundo são jogados fora.

Celular e volante: uma combinação mortal

Estima-se que 6 mil pessoas morrem por ano nos Estados Unidos em decorrência de acidentes de trânsito causados pelo uso do celular.

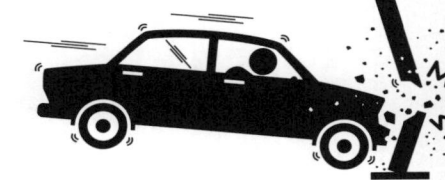

Computadores

O computador, tão importante para o nosso cotidiano, é a união de diversas tecnologias e de estudos acumulados ao longo do tempo – principalmente relacionados à matemática – que resultou em um dos artefatos mais incríveis da história recente da humanidade.

A história dos computadores começou há muito tempo atrás, quando o homem criou ferramentas que pudessem ajudar na matemática. O ábaco, considerado a primeira máquina matemática para cálculos do cotidiano, principalmente no comércio, foi criado por volta de 5000 a.C., no extremo Oriente Médio. Graças às rotas comerciais, também foi usado no Oriente e em Roma. O objeto consiste em um conjunto de contas presas a uma armação que podem ser movimentadas para cálculos de soma e subtração.

O ábaco foi utilizado como uma das principais ferramentas para cálculos por muitos anos, até que as máquinas fossem aperfeiçoadas para contas mais complicadas. A régua de cálculo e a Máquina de Pascal foram criadas a partir de 1500 com peças móveis, que permitiam realizar cálculos mais avançados, como multiplicações. Em 1800, um costureiro francês chamado Joseph Marie Jacquard inventou uma máquina de tear que podia ser programada para executar funções de acordo com as necessidades. Por meio de cartões perfurados, Jacquard apontava para sua máquina o padrão de costura para que fosse replicado em tecidos.

Os próximos passos foram as máquinas de diferenças e de engenho analítico, criadas por Charles Babbage, capazes de cálculos mais complicados.

O avanço continuou com o matemático George Boole, que desenvolveu a base da lógica moderna, graças ao seu sistema de representação de valores em dois números: "1" para verdadeiro ou ligado e "0" para falso ou desligado. Esse conceito foi usado na computação moderna pela primeira vez em 1931, por Vannevar Bush em sua máquina de calcular.

O tear de Jacquard também serviu como base para outro artefato famoso, a máquina de computação de dados, feita por Hermann Hollerith. Usada para pesquisas, administração de funcionários (salário e marcação de turno), a máquina de Hollerith era capaz de lidar com grandes quantidades de dados e organizá-los em tabelas. A empresa fundada por Hollerith, Tabulation Machine Company, viria a se tornar a Internacional Business Machine (IBM).

O século XX foi o século da informática. As máquinas de cálculo, antes totalmente mecânicas, receberiam componentes eletrônicos – e digitais – com o passar do tempo. O impulso final para o boom computacional foi a Segunda Guerra Mundial. Na disputa por informação, a espionagem e o envio de informações eram os principais campos de atuação, além da computação de dados. Os modelos Harvard Mark I (1944), Bombe (1940) e Colossus (1943-45) entraram para a história como projetos pioneiros na computação e criptografia, inclusive, entrariam para a história por conta de seu esforço para desenvolver diversos projetos da área computacional. A partir da Segunda Guerra, os computadores propriamente ditos surgiram com a substituição de elementos analógicos por digitais, os quais foram classificados em gerações.

A primeira geração (1946-1959), o início dos computadores modernos, possui máquinas muito grandes que trabalhavam com válvulas. O software era escrito diretamente em uma linguagem de máquina para a opção do computador. Um dos modelos mais famosos, o ENIAC (Electrical Numerical Integrator and Calculator), de 1946, foi criado pelos norte-americanos John Eckert e John Mauchly. O ENIAC era capaz de executar milhares de cálculos por segundo e era operado por chaves e botões.

A segunda geração (1959-1964) marcou a substituição das válvulas por transístores, além do uso de circuitos impressos para substituir fios. Esses fatores contribuíram para uma diminuição considerável de seu tamanho. Uma das máquinas icônicas da época foi o IBM 7030, capaz de executar um milhão de operações por segundo. Foi um período marcado pelo avanço nas linguagens de programação, como Fortran e Cobol, que facilitaram a programação dos computadores.

Na terceira geração (1964-1970), a novidade foi o circuito integrado, que permitiu que diversos componentes pudessem interagir com a mesma placa simultaneamente. Houve também avanços nos dispositivos de entrada e saída, como impressão de dados e inserção de informações por discos.

Na quarta geração (1970 – atualmente), houve a adoção dos microprocessadores e também a popularização dos computadores pessoais. O avanço dos circuitos integrados permitiu a miniaturização das máquinas.

Altair 8800, um computador revolucionário e pequeno, serviu de exemplo para novos projetos e nomes importantes da história da informática. Bill Gates, fundador da Microsoft e responsável pelo sistema operacional Windows, foi um dos influenciados.

Na mesma época, Steve Jobs e Stephen Gary Wozniak, fundadores da Apple, criaram o Apple I, de 1976, considerado o primeiro computador pessoal; foi sucedido pelo Apple II, ainda mais famoso, capaz de ser programado para funções diversas, por profissionais diversos.

A partir da década de 1980, houve um desenvolvimento pesado de microprocessadores pela Intel. A aproximação do computador e do usuário foi turbinada pelo desenvolvimento de sistemas operacionais gráficos, como o Microsoft Window. Jogos eletrônicos e a internet fizeram com que as décadas de 1990 e 2000 se tornassem o período de maior popularização dos computadores.

Notebook

O primeiro modelo foi inventado em 1981, por Adam Osborne. Chamado Osborne 1, o computador pessoal pesava 12 quilos e tinha uma tela de 5 polegadas. Em 1985, surge o primeiro modelo dobrável, o TRS-80, cujo formato é seguido até hoje. A partir de 1990, os notebooks caíram no gosto dos usuários até que, na década de 2000, finalmente alcançaram preços mais acessíveis e, consequentemente, se popularizaram.

Teclado

O teclado é um dos dispositivos para PC tão bem concebidos que, mesmo sem muitas alterações ao longo de sua história, continua sendo essencial e insubstituível. O formato, conhecido como QWERTY, foi criado por Christopher Sholes, em 1886, e usado em máquinas de escrever. A posição das teclas segue uma lógica para preservar suas peças móveis, que travavam constantemente.

Na década de 1940, os primeiros computadores receberam como dispositivo de entrada os teclados "emprestados" das máquinas de escrever.

Mouse

O "rato", um dos dispositivos mais importantes para a popularização da informática, teve seu primeiro conceito idealizado em 1952 por um setor de inteligência das forças militares canadenses. Tratava-se de um aparelho chamado DATAR, que tinha uma *trackball* para operar radares com maior facilidade. A esfera tinha o tamanho de uma bola de boliche.

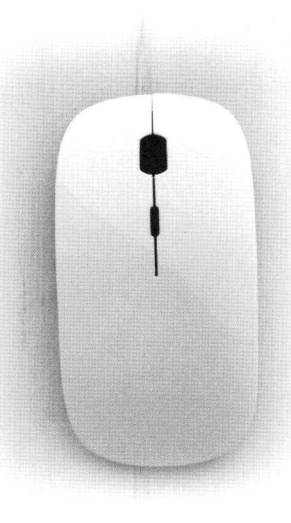

O próximo passo da evolução do mouse foi dado por Douglas Engelbart, do Instituto de Pesquisa de Stanford, em 1963. Seu aparelho era uma caixinha de madeira com um botão e fio. O formato lembrava um camundongo, daí a origem do nome. Douglas Engelbart vendeu a patente de seu dispositivo para uma empresa alemã, a Telefunken, que em 1970 incorporou o dispositivo aos seus computadores. Nessa época, o mouse já operava com uma esfera para a leitura dos movimentos.

O mouse se popularizou de verdade quando a Xerox passou a oferecer o dispositivo com seus PCs, seguida pela Apple, que usou o mouse em seu Apple Lisa. Mais um passo importante foi dado em 1999, quando a esfera foi substituída por um feixe de LED criado pela Microsoft, para ler os comandos do usuário.

Internet

Nem o trem mais luxuoso, o maior navio ou o avião mais rápido diminuíram as distâncias da Terra como a internet. A rede tecnológica revolucionou a maneira como lidamos com os computadores, os relacionamentos pessoais e profissionais e a forma como nos divertimos e nos informamos.

A revolução da rede começou com a ARPANET na década de 1960, em plena Guerra Fria entre Estados Unidos e União Soviética. Na época, em vez de uma guerra aberta entre as duas superpotências, havia uma disputa de influência sobre os demais países.

A busca por informação do inimigo impulsionou as pesquisas e o investimento em tecnologia nos meios de comunicação.

A sombra de uma guerra nuclear pairava sobre o globo, e a alta cúpula militar dos Estados Unidos temia a destruição de suas instalações mais importantes. Surgiu então a ARPA (Advanced Research Projects Agency, ou Agência de Projetos de Pesquisa Avançada), organização ligada ao departamento de defesa dos Estados Unidos cujo objetivo era acelerar pesquisas e desenvolver ideias sobre tecnologia avançada.

Em 1960, o cientista da computação Joseph Licklider publicou um estudo chamado "Relação Homem-Computador", sobre o conceito de computadores em rede para armazenamento, compartilhamento e acesso de informações. Já em 1962, Licklider formou um grupo para tornar real essa rede com computadores. A ideia foi apresentada em outubro de 1967 e passou a funcionar em dezembro de 1969. A tecnologia que permitiu essa rede foi a troca de pacotes, na qual as informações eram divididas em pequenos pedaços, ou pacotes, usada ainda hoje.

Graças ao trabalho de Licklider, nasceu a ideia da descentralização das fontes de informações, em vez da manutenção de poucas fontes, pois poderiam ser destruídas e levar ao colapso do comando militar, permitindo que qualquer base pudesse ter a informação compartilhada de que precisasse. Se um alvo fosse destruído, todos os outros pontos importantes teriam intactas as mesmas informações.

Em virtude desse conceito, nasceu a ARPANET. Criada pela ARPA, a ARPANET funcionou a contento, mas nunca precisou ser usada pela razão pela qual foi criada, pois ataques nucleares nunca aconteceram durante a Guerra Fria. Porém, a rede militar tornou-se a semente para a criação de uma rede de informações que viria a ser a internet como a conhecemos.

A primeira conexão foi estabelecida às 22h30 do dia 29 de outubro de 1969. Em 5 de dezembro de 1969, foram adicionadas as Universidades de Utah e da Califórnia.

Mesmo com a derrocada da União Soviética, a ARPANET só crescia em relevância e tamanho, recebendo cada vez mais importância do governo norte-americano e informações para guardar e compartilhar. O número de instituições acadêmicas que faziam parte da rede também cresceu, já que viram uma excelente maneira de compartilhar conhecimento de maneira mais rápida.

Na década de 1970, houve uma cisão da rede em duas: a MILNET, que manteve a ideia original como uma rede militar, e a nova ARPANET, uma rede que seguiu por um caminho mais livre quanto a suas diretrizes e que recebeu atenção direta do meio acadêmico, que a aperfeiçoou.

O mestre dos códigos

Os próximos passos para a evolução foram dados por Tim Berners-Lee, considerado o "pai da web". Nascido em Londres, no dia 8 de junho de 1955, Berners-Lee é formado em Física e é cientista da computação.

Na metade da década de 1980, Lee começou a trabalhar no CERN (Conseil Européen pour la Recherche Nucléaire, o Conselho Europeu para Pesquisa Nuclear) em Genebra, Suíça, em projetos de comunicação em tempo real e desenvolvimento de processamento de textos.

Em 1989, propôs o uso do hipertexto na internet, uma ferramenta que facilitaria a conexão e o compartilhamento de informações. Junto com as tecnologias que aperfeiçoaram a navegação, os protocolos TCP e o DNS, as invenções de Lee colaboraram para a uma versão gráfica da internet.

No início da década de 1990, desenvolveu o primeiro software que permitia a navegação pela novata www, que ficou conhecido como navegador, além de um editor das próprias páginas, que viria a ser a linguagem de marcação HTTP.

Em 1994, dada sua importância, Berners-Lee fundou o World Wide Web Consortium, o W3C, um conglomerado de empresas que definiria as normas que a web seguiria. O W3C foi um local de consenso das melhores práticas para a rede, livre de royalties.

Berners-Lee nunca teve lucro com sua invenção, mas sempre trabalhou pelo desenvolvimento da www. Como reconhecimento, recebeu o Millennium Technology Prize, da Finnish Technology Award Foundation, o maior prêmio de ciência mundial. Também foi nomeado, em 2004, cavaleiro-comandante pela rainha Elizabeth II da Inglaterra, o segundo maior posto na hierarquia da Ordem do Império Britânico, além de ter sido eleito membro da Academia Nacional de Ciências dos Estados Unidos.

Napster e o MP3

Um dos momentos mais polêmicos e importantes da história da internet aconteceu antes da chegada do século XXI. O Napster, criado em 1999 por Shawn Fanning e Sean Parker, foi um sistema de compartilhamento direto de arquivos entre usuários, sem intermediários. Cada usuário compartilhava seus arquivos e servia como fonte para quem buscasse os dados que ele guardasse.

O sucesso do Napster veio da facilidade de busca e download de conteúdo no início de 2000, principalmente de um tipo de arquivo que estava se popularizando na época, o MP3 (MPEG-1/2 Audio Layer 3). O MP3 continha dados musicais de alta qualidade e tamanho reduzido. Foi criado pelo Instituto Fraunhofer, na Alemanha.

O MP3 e o Napster foram alvos de processos da indústria fonográfica da época, acusados de pirataria e quebra de direitos autorais. Desligado em 2002 por ações judiciais, o Napster foi comprado pela Roxio, fabricante de softwares para gravação de CD e DVD, com o intuito de comercializar as músicas dentro das normas da lei.

No final, a caixa de Pandora havia sido aberta: outros programas passaram a operar da mesma maneira e a música digital provou ser um caminho sem volta. Hoje, grandes empresas comercializam conteúdo sonoro em diversas plataformas ou oferecem assinatura para os usuários ouvirem suas canções favoritas pela internet.

Redes sociais

As redes sociais são estruturas compostas de pessoas ou organizações que interagem entre si para compartilhar dados e objetivos. Na internet, as redes sociais se tornaram um meio de conexão e comunicação, o maior exemplo da chamada Web 2.0, na qual o usuário deixa de ser apenas um recebedor da mensagem e passa a contribuir e a manipular os meios dos quais faz parte.

Atualmente, boa parte do consumo da internet se dá nas redes sociais, que se tornaram meios de compartilhamento de diversos tipos de conteúdo.

Há as redes de interação, como Facebook, Twitter e Google+; de comunicação, como o WhatsApp; de conteúdo, como YouTube e WordPress; visuais, como Instagram e Snapchat; e profissionais, como o Linkedin.

A interação é uma das marcas das redes sociais: ao mesmo tempo que você recebe conteúdo, pode repassar o que recebeu ou simplesmente dar algum tipo de nota. Novas interações surgem a cada instante, como o uso das redes pelo marketing de grandes empresas para comercializar seus produtos e serviços.

Sua origem remonta a 1969, com um sistema de compartilhamento de dados pela empresa CompuServe. A década de 1970 trouxe o e-mail e o Bulletin Board System, um sistema no qual os usuários podiam compartilhar eventos e anúncios pessoais. Já na década de 1980, a America Online passou a oferecer um sistema no qual seus usuários criavam perfis e comunidades temáticas.

Os anos 1990 marcam o surgimento de novos serviços com um formato ainda mais próximo das redes sociais atuais: o GeoCities, que permitiu que as pessoas criassem suas páginas;

e Classmates, criado para reunir antigos colegas de classe de escola ou faculdade.

A grande popularização veio nos anos 2000. O Fotolog, que ainda existe, foi uma rede para amantes de fotografia, que dava a opção de deixar comentários nas fotos dos outros usuários. O Friendster reuniu os amigos no mundo virtual e, em 2003, surgiu a rede social para elos profissionais, o LinkedIn.

Em 2004, foram criados o Flickr (conteúdo visual), o Orkut e o Facebook, esses últimos para compartilhamento de conteúdo e interação entre as pessoas.

De lá para cá, Instagram, WhatsApp, Twitter, Snapchat e muitas outras redes mudaram a maneira como as pessoas usam a internet e mantêm laços com seus contatos.

Nuvem de dados.

A evolução da armazenagem e do acesso a dados conhecido como "computação na nuvem" usa a internet e servidores para possibilitar o acesso a dados em qualquer lugar, para backup e compartilhamento de arquivos. Sucessor dos disquetes, CDs, DVDs e *hard disks*, a nuvem também é usada por serviços de transmissão de áudio e vídeo.

A ideia surgiu em 1960 com John McCarthy, responsável pelo conceito do uso de tempo compartilhado pelo computador: um PC poderia ser usado por dois ou mais usuários simultaneamente.

Em 1997, foi cunhado o termo *cloud computing* (computação na nuvem) pelo professor de sistemas da informação Ramnath Chellappa. No ano de 1999, a Salesforce.com foi a primeira empresa a oferecer serviços diretos na internet.

Em 2006, a gigante Amazon lança serviços na nuvem e chama a atenção de grandes empresas, que passaram a desenvolver o conceito.

Hoje, diversos serviços estão posicionados diretamente na nuvem, deixando a necessidade de instalação nos computadores, como Office 365 e Dropbox.

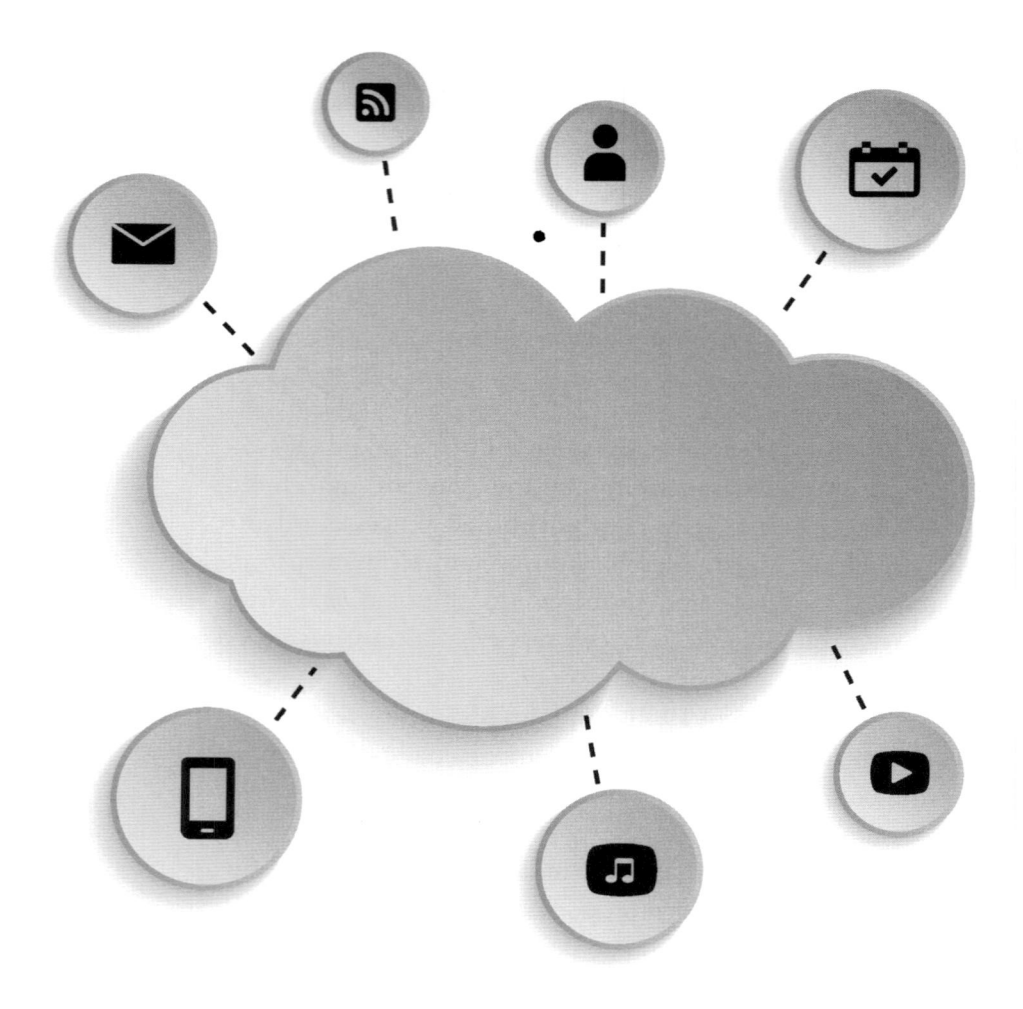

GADGETS

O termo "gadget", ou "apetrecho tecnológico", refere-se a todo dispositivo que tem como objetivo principal conferir mais praticidade ao dia a dia de uma pessoa. Quer seja na forma de um relógio multitarefa, quer seja por meio de um drone, os gadgets usualmente destacam-se por seu design atraente e por oferecer soluções inovadoras a determinadas tarefas, o que lhes permite atribuir até mesmo status aos seus consumidores – estão aí os produtos da Apple, que não nos deixam mentir. A seguir, confira a seleção dos apetrechos mais significativos dos últimos tempos que preparamos para seu conhecimento.

GOPRO

As câmeras GoPro são um gadget destinado aos esportistas amadores e profissionais. Isso porque sua estrutura leve, compacta e à prova d'água permite o uso durante a prática de atividades radicais como paraquedismo, surfe, montanhismo e escalada. Também conhecidas como "câmeras de ação", as GoPro acoplam-se na cabeça de seu usuário para a captura de fotografias em primeira pessoa, e seu caráter semiprofissional aliado à estabilidade e resistência a impactos possibilitam imagens de alta qualidade mesmo na captura de movimentos frenéticos. Os dispositivos GoPro são dotados ainda de um aplicativo que permite seu uso em longas distâncias. O único "ponto negativo" é a ausência de um visor – algo desculpável quando se considera que tais câmeras não foram destinadas para uso convencional.

POLAROID

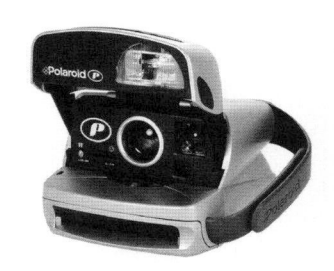

Sessenta segundos. Esse era o tempo que uma Polaroid levava para revelar uma fotografia, o que lhe rendeu a alcunha de "máquina de revelação instantânea". Criada em 1948 pelo cientista Edwin H. Land, a Polaroid tornou-se febre entre os consumidores ao oferecer-lhes o prazer imediato da fotografia em mãos por meio de um processo em que o negativo era revelado com sais de prata apenas dez segundos após a captura da imagem.

A despeito de seu sucesso ter se estendido por décadas, a máquina caiu em desuso com a crescente popularização das câmeras digitais, recuperando parte de seu antigo prestígio nos tempos atuais a partir de versões como a Socialmatic. Com um apelo nostálgico e, ao mesmo tempo, atento às redes sociais por sua inspiração no Instagram, a Socialmatic retoma o conceito da foto instantânea e o reinventa ao permitir que seu usuário aplique um filtro à imagem antes de revelá-la na impressora interna do dispositivo. Além de tais inovações, a Polaroid dos tempos modernos permite o compartilhamento de conteúdo via Instagram e Facebook em seu visor Touch Screen, bem como conta com capacidade de armazenamento de 4 GB e o recurso de GPS.

SEGWAY

Criado pelo inventor Dean Kamen e lançado em 2001, o Segway é um veículo dotado de duas rodas laterais que se desloca tendo como base o equilíbrio de seu condutor. Munido de cinco giroscópios e dois motores elétricos, bem como de um sistema de sensores que analisam as variações de terreno e os movimentos do corpo e os processam de forma mais rápida que o cérebro, o Segway move-se para a frente, para trás e para os lados baseando-se na inclinação do indivíduo a uma velocidade que pode atingir até 20 km/h. O gadget caracteriza-se, sobretudo, por ser um veículo de mobilidade urbana que reduz de 71% a 93% a irradiação de gás carbônico em comparação a um veículo convencional motorizado, o que o torna atraente em termos de preservação do meio ambiente. O dispositivo é recarregável via bateria, apresentando uma carga total que dura entre oito e dez horas.

OCULUS RIFT

Oculus Rift são óculos de realidade virtual que projetam imagens distintas para cada um dos olhos do usuário e acompanham a movimentação de sua cabeça a fim de criar a chamada "imersão 3D". Criado pela empresa Oculus VR, o dispositivo conta com fones de ouvido e microfone embutidos no headset, além de uma câmera de monitoramento externo, um controle de Xbox One e o denominado Oculus Remote, um controle de adaptação para os iniciantes. Em sua tela de sete polegadas, o jogador é inserido no cenário dos games, o que pode abranger desde a experiência de corrida de carros até a imersão em um ambiente de horror assombrado por fantasmas. O Oculus Rift, felizmente, não se limita aos videogames e pode ser encontrado também em lugares como museus para oferecer aos visitantes viagens a determinados lugares históricos via realidade virtual.

SMARTWATCH

O Smartwatch é um relógio de pulso computadorizado resultante de uma tecnologia desenvolvida desde a década de 1980. Embora o primeiro relógio digital tenha se originado em 1972 pela Hamilton Watch Company – empresa que seria comprada pela Seiko –, somente nos anos 1980 esta última desenvolveria relógios com capacidade computacional, a começar pelo modelo NLC01 Pulsar, o primeiro relógio com memória programável por seu dono. Atualmente, os relógios inteligentes são dotados em sua maioria de elementos como wi-fi, reprodutor de mídia, câmera, tela touch screen, GPS e bateria recarregável, bem como da capacidade de realizar e receber chamadas telefônicas. Aos que gostam de praticar esportes radicais, foram criados ainda os sportwatches, derivados dos smartwatches, munidos de funcionalidades como programas de treinamento, visualizador de velocidade e monitoramento do ritmo cardíaco.

IMPRESSORA 3D

A impressora 3D é um instrumento de manufatura de objetos tridimensionais por meio de arquivos digitais. O conceito do gadget foi gerado em 1984 pelo engenheiro Chuck Hull com a tecnologia da estereolitografia, o que mais tarde abriria as portas para as versões

comerciais do aparelho pelo inventor S. Scott Crump. A obtenção de um objeto via impressora 3D se dá, a princípio, pela produção de um protótipo por um software de edição 3D. Assim, o usuário pode tanto criar uma modelagem quanto copiar uma peça que já existe por meio da função scanner do arquivo virtual. Com a popularização dessas máquinas entre as empresas de pequeno e médio porte, a tecnologia de impressão 3D é usada em áreas como a indústria de desenvolvimento médico, automotivo e de arquitetura.

DRONE

Os drones, também chamados no Brasil pelo nome de VANT (Veículo Aéreo Não Tripulado), são dispositivos voadores conduzidos por controle remoto. Tendo como fonte de inspiração os aeromodelos radiocontrolados e as bombas alemãs de modelo V-1, os drones foram concebidos para uso militar, especificamente em missões de alto perigo para os humanos, como apoio aéreo à infantaria durante confrontos, atividades de resgate e de combate a incêndios. O conceito de aeronaves não tripuladas desenvolveu-se durante os anos 1960, pela marinha norte-americana, mas somente em 1973 a força aérea dos Estados Unidos admitiria o uso do gadget. A despeito da íntima ligação com as forças militares, atualmente os drones também são usados em atividades como a fotografia e a limpeza de materiais tóxicos.

GPS

O GPS (sigla para Global Positioning System, ou Sistema de Posicionamento Global) é um sistema que informa o usuário acerca de sua localização na Terra. Para tal, é necessário que o indivíduo se encontre sob a vista de, no mínimo, três satélites de um total de 24. Em operação desde 1995 sob o custo de 10 bilhões de dólares, o dispositivo foi concebido originalmente para uso militar, mas hoje é usado tanto pela aviação comercial quanto pelos civis, que recorrem ao aparelho não apenas para informar-se sobre o caminho para determinado local como também para saber o tempo de locomoção. Atualmente, são atuantes dois sistemas de GPS: o americano e o russo. Contudo, encontram-se em desenvolvimento as versões da China e da União Europeia.

TABLET

O tablet é um dispositivo portátil de caráter semelhante ao computador convencional, embora esteja muito mais ligado aos fins de entretenimento. Nesse aparelho, o usuário pode desempenhar as mais diversas atividades, o que envolve a visualização de fotos e vídeos, o acesso à internet e, consequentemente, às redes sociais, com interface adequada ao gadget. Possibilita também a leitura de livros digitais e o uso de aplicativos para organização pessoal. O primeiro tablet foi lançado em 2002 pela Microsoft, apresentando desde a ocasião aquela que se tornaria sua característica fundamental: a tela touch screen. O sucesso do aparelho foi tão grande que a Apple logo se apressaria na criação de seu próprio tablet: o famoso iPad. Embora muitas de suas funcionalidades se assemelhem às de um computador comum, o dispositivo não apresenta funções como a leitura de CD/DVD, a execução de softwares pesados e a capacidade de aumento do espaço de armazenamento.

E-Reader

O e-reader é um dispositivo de leitura de livros digitais. O gadget reconhece e-books (termo utilizado para se referir às publicações em suporte eletrônico) em formatos como MOBI, E-PUB e PDF, com alguns modelos capazes de exibir imagens em JPG. A ideia original do e-reader foi concebida

em 1945 pelo engenheiro Vannevar Bush com o dispositivo Memex, mas somente em 1998 o primeiro leitor de livros digitais viria a ser comercializado nos Estados Unidos, pela empresa Nuvomedia. O Rocket-ebook, como era chamado, daria lugar mais tarde ao popular Kindle, sucesso mundial criado pela Amazon no ano de 2007. O e-reader caracteriza-se primordialmente por proporcionar ao usuário uma experiência de leitura próxima da convencional em papel, por meio de uma tela que não se utiliza de uma iluminação forte como a do LCD, bem como por permitir o armazenamento de uma alta quantidade de obras literárias.

SET-TOP BOX

Já ouviu falar no Chromecast ou na Apple TV? Esses são, respectivamente, os chamados set-top boxes do Google e da Apple, que têm como função fazer do seu televisor uma TV conectada. O primeiro gadget assume a forma de um pen-drive; uma vez conectado ao televisor, permite ao usuário comandá-lo por meio do smartphone ou tablet, oferecendo acesso aos conteúdos de fontes como a Netflix e o YouTube. O Chromecast também possibilita ao usuário acessar fotos e vídeos que estejam em um computador na mesma rede e abri-los no Chrome. A Apple TV, por sua vez, além de exibir as mesmas funcionalidades do concorrente com relação à exibição de conteúdo, conta com um controle remoto próprio, uma interface criada especialmente para a TV e a possibilidade de exibição da tela de um Mac, iPad ou iPhone no televisor, o que permite que games sejam jogados em uma tela maior.

Smartphones

•

Celular

Os celulares tornaram-se um item tão indispensável em nosso dia a dia que é difícil imaginar como era a vida antes desses aparelhos. Dos chamados "tijolões" até os atuais smartphones, muitas mudanças ocorreram em sua forma e leque de funções. Se antes a inovação residia unicamente na possibilidade de conversar com outra pessoa sem as limitações do telefone fixo, hoje contamos com as mais diversas finalidades que vieram para facilitar nossa vida pessoal e profissional. Eles mudaram, e nós mudamos com eles. Para conferir um breve apanhado da evolução desse dispositivo, confira a leitura que preparamos a seguir.

A existência do celular não seria possível sem os esforços de uma estrela hollywoodiana. É isso mesmo que você leu: a atriz austro-americana Hedy Lamarr foi responsável pela criação da tecnologia que daria origem ao dispositivo durante o período da Segunda Guerra Mundial. Ao conceber a técnica de saltos de frequência, a qual substituía as frequências de uma mensagem para impedir sua interceptação pelos inimigos via rádio, Lamarr lançou as bases do sistema que garante a privacidade das ligações celulares. Estes, no entanto, tomariam a forma que conhecemos hoje apenas na década de 1970, com Martin Cooper, criador do primeiro aparelho celular. Gerado em 1973 e apresentado ao mundo no ano seguinte, o modelo

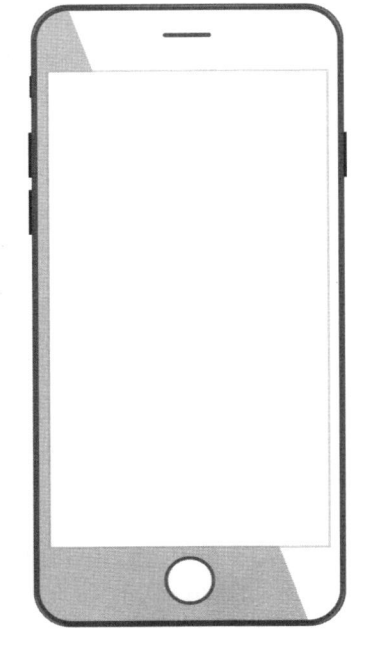

Motorola DynaTAC era uma resposta da empresa à concorrente AT&T, que já trabalhava na ocasião em dispositivos de comunicação sem fio. O dispositivo foi criado em um período de 90 dias e testado pela primeira vez na cidade de Nova York, mas chegaria às mãos dos consumidores somente uma década mais tarde. O DynaTAC apresentava um teclado numérico e, para o espanto das gerações atuais, uma bateria que disponibilizava apenas uma hora de conversação. Em 1989, mais revoluções viriam por meio de outro lançamento da Motorola, o MicroTAC. Mais compacto e leve, o modelo seria o precursor dos chamados telefones flip.

Os anos 1990 abririam as portas para uma concepção do celular mais próxima da atual. A década seria embalada por modelos como o Comunicador Pessoal Simon, feito em uma parceria entre a IBM e a BellSouth. Lançado em 1993 e dotado de funcionalidades como calculadora, fax e pager, o modelo seria considerado o primeiro smartphone da história. Seis anos mais tarde, por sua vez, o primeiro BlackBerry chegaria ao mercado, trazendo um teclado convencional e a possibilidade de enviar e-mails.

O milênio seguinte proporcionaria à humanidade novidades cada vez mais constantes em termos de telefonia móvel. Em 2000, a Ericsson lançaria o modelo T36, o primeiro a contar com a tecnologia Bluetooth, capaz de conectar o dispositivo a um computador sem a necessidade de fios. Dois anos mais tarde, o

Sanyo SCP-5300 seria disponibilizado ao mercado como o primeiro celular com uma câmera fotográfica. A resolução não era das mais incríveis, mas abria, como os demais dispositivos da época, caminho para a grande inovação que ocorreria em 2007: o lançamento do iPhone.

Em junho de 2007, Steve Jobs anunciaria para o mundo o iPhone 2, dispositivo que prometia revolucionar a experiência de uso do celular ao torná-lo um "minicomputador". O aparelho oferecia ao usuário não só uma gama de funções que variavam da reprodução de áudio e vídeo ao acesso intuitivo à internet, mas também uma possibilidade até então inovadora: uma tela touch screen completamente interativa, por meio da qual o indivíduo podia interagir com os aplicativos e o teclado pelo simples toque dos dedos. O pioneirismo do iPhone faria com que o Google também se lançasse ao mundo dos celulares, o que resultaria no lançamento do Android no ano de 2008.

O sistema, baseado no Linux, oferecia em comparação ao iPhone a possibilidade de customização pelos fabricantes, o que permitia ao modelo ter variadas versões dentro de uma mesma estrutura e auxiliava a sua popularização entre os consumidores. Assim, ambos os sistemas se estabeleceram como os pilares da atual geração de celulares, que alcançaram poder ao ponto de apresentar excelência não só em termos de performance, mas de funcionalidades que, se antes eram apenas complementares, hoje são parte fundamental da experiência do celular, bem como a alta qualidade de fotografia e desempenho na reprodução de áudio e vídeo.

E, de pensar nas tantas opções que os celulares atuais oferecem e ainda oferecerão nos próximos anos, até esquecemos que sua função primordial é de... o que mesmo?